Bitte, melde Dich!

Licht, Liebe, Freude
und gaanz viel
Selbstliebe
auf Deinem Weg, liebe
Jeannette,
wünscht Dir
Heike

15.12.'07

Heike Gade

Bitte, melde Dich!

(Nachrichten aus dem Jenseits)

Eigene Erfahrungen und Berichte von Menschen, die über

erfolgreiche Medien und Heiler Kontakte zu Seelen in der

geistigen Welt (sog. Verstorbenen) erhalten haben

Bibliografische Information der Deutschen Nationalbibliothek
Die Deutsche Nationalbibliothek verzeichnet diese Publikation in der Deutschen Nationalbibliografie; detaillierte bibliografische Daten sind im Internet über http://dnb. d-nb.de abrufbar.

© 2007 Heike Gade
Satz, Umschlagdesign, Herstellung und Verlag: Books on Demand GmbH, Norderstedt
ISBN 978-3-8334-7300-5

Inhalt

Ich widme dieses Buch

Emma und Karl Jacobs,

die ich für meine derzeitige Inkarnation als Eltern auswählte,
die meine Wahl freudig angenommen haben, mich auf meinem
Lebensweg liebevoll durch alle Höhen und Tiefen begleiteten und
mir auch heute noch aus der jenseitigen Welt
Licht, Liebe und Hilfe zukommen lassen.

Danke

Vorwort

N achricht (ursprünglich *Nachrichtung* = Mitteilung, *nach* der man sich *richtet*)

Meyers Lexikon, Bibliographisches Institut

Bitte, melde Dich!

Fast jeder von uns hat diesen Satz in seinem Leben schon einmal hoffnungsvoll oder sehnsüchtig gedacht und vielleicht auch ausgesprochen:

Wenn man z.B. verliebt ist und der (die) Partner(in) sich nach einer Auseinandersetzung zurückgezogen hat,
wenn eines der Kinder lange Zeit nichts von sich hat hören lassen und man nicht weiß, wie's ihm geht oder
wenn ein(e) Freund (in) oder Angehörige(r) aufgebrochen ist, sein (ihr) Leben zu verändern (Aussteiger, Auswanderer u.ä.), man sich schließlich aus den Augen verloren hat, Sehnsucht und Sorge sich mischen und man innigst wünscht:

»Bitte, melde Dich!«

Fernsehsendungen wie die von Kai Pflaume oder Jürgen Fliege, in denen es darum ging, »verschollene«[1] Freunde oder Angehörige wiederzufinden, sei es per Telefon, SMS, durch ein FAX, einen Brief oder eben über die Recherchen des Senders bzw. der Redaktion, drücken ebenfalls dieses Bedürfnis aus:

»Bitte, melde Dich!«

Ein ganz ähnliches Bedürfnis und Gefühl empfinden wir, wenn wir einen lieben Menschen »verloren« haben, wenn jemand, der uns sehr lieb war, gestorben, d.h. in die geistige Welt übergegangen ist.

---

1 z.B. durch Kriegswirren, Entführungen und Verschleppungen, bei Katastrophen, durch Heimaufenthalte, Adoption oder aufgrund familiärer Streitigkeiten, oft auch wegen leidiger Erbschaftsangelegenheiten

Tief in uns hat sich die Vorstellung und Annahme verfestigt, der geliebte Mensch sei endgültig aus unserem Leben verschwunden. Außerdem tut die Kirche noch das ihre dazu, uns in dem Glauben zu halten, es gäbe nur <u>ein</u> Leben auf dieser Erde, ein Schauen hinter den Vorhang (des Todes) sei nicht erlaubt und eine Kommunikation zwischen geistiger und materieller Welt nur in Ausnahmen und da auch nur besonders auserwählten Vertretern der Kirche und des Glaubens vorbehalten.

Dem ist aber nicht so!

Der »fromme Wunsch«, den Hinterbliebene oftmals im Hinterkopf haben, nämlich eine Verbindung zu ihren Lieben in der geistigen Welt herzustellen, ist realisierbar, kann Wirklichkeit werden!

Wir Menschen meinen immer, die Verstorbenen rührten sich nicht mehr, seien tot, … sind sie aber nicht!

Ihr Körper ist gestorben, ja, aber die Seele, also das, was uns als Wesen mit Begabungen, Empfindungen und Charaktereigenschaften ausmacht, dieser Seelenkörper lebt weiter … und das meist frei und durchaus glücklich.

Neben den zahlreichen Beispielen, die in der Bibel zu finden sind über Geistwesen, die sich Menschen auf der Erde gezeigt haben, mit ihnen sprachen, sie begleiteten und mit ihnen zu Tisch saßen – allen voran Jesus Christus –, ereignen sich diese Vorkommnisse auch für uns »einfache« Menschen, für Dich und mich, für jeden von uns:
Wir alle haben die Möglichkeit, uns von den geistigen Wesen rufen zu lassen und uns dann mit der geistigen Welt, mit den Verstorbenen in Verbindung zu setzen!
Gebete sind der erste und wichtigste Schritt auf dem Weg zu einer

Verbindung in die Jenseitswelt; und es erhalten auf diese Weise nicht wenige Menschen Antworten, Hinweise und Hilfen aus der geistigen Welt, nämlich durch Einfälle, Intuitionen und Eingebungen, in Träumen, über ihr »Bauchgefühl« und bei sogenannten Zufällen u.v.m..

Eine besonders schöne, berührende und gleichermaßen klärende Methode der Kontaktaufnahme mit unseren Lieben im Jenseits bieten zahlreiche Medien an, die sich auf Grund ihrer besonderen Begabung und oftmals sich anschließender intensiver Ausbildung – vor allem in England – sozusagen als Radio, als Überträger von Nachrichten aus der geistigen an die materielle Welt verstehen und zur Verfügung stellen.

Wie oft gelingt es ihnen, allein bei der Beschreibung der Merkmale (äußere wie innere) von Verstorbenen und viel mehr noch bei der Weiterleitung der Aussagen von Verstorbenen an die Zurückgebliebenen, denen Trost zu spenden, Hilfe zu übermitteln und ihnen innere Ruhe und Erleichterung zu ermöglichen.

Gefühle der Dankbarkeit, Ermunterung und Ermutigung kommen auf, sodass die immerwährende Nähe und Liebe zwischen Geist– und Erdenwesen deutlich spürbar werden können.

Bei einem geglückten Gedankenaustausch zwischen den Menschen beider Sphären kann sogar nachträgliches Verzeihen und Loslassen möglich werden und sich so eine wunderbare Erlösungsarbeit vollziehen.

Jeder Mensch kann sich vom Identitätsnachweis, der sog. »Trefferquote« bei den verschiedenen Medien selbst überzeugen, auch Du, Dein Nachbar, Dein Freund, Dein Ehemann, der Arbeitskollege, der Lehrer, der Pfarrer, der Bürgermeister, eben einfach jeder!

Warum sollten wir uns der Chance eines Möglichseins verschließen?

Was wir bezweifeln, kann nicht werden!

Natürlich gibt es – wie in allen Bereichen unseres Lebens – auch in der Medialität schwarze Schafe und Scharlatane, aber nicht mehr und nicht weniger als in Schule, Kirche, Wirtschaft, Politik und Wissenschaft.

Achtsamkeit ist in unserem lebengefährlichen Daseins ja ohnehin vonnöten, im spirituellen Bereich aber in besonderem Maße, und zwar nicht etwa weil da vieles vielen so »gefährlich«, »undurchsichtig« oder »geheimnisvoll« und »suspekt« anmutet, sondern weil der Mensch ganz einfach bezüglich der spirituellen Arbeit besonders hohe Erwartungen mitbringt, Hoffnungen hat und Erfüllungswünsche hegt, viel mehr als im Hinblick auf materielle Belange.

Und das ist gut so!

Dass die Arbeit mit Verstorbenen, die Kontaktaufnahme und –pflege mit unseren Lieben auf der anderen Seite von größter Wichtigkeit ist, zeigt die Realität:

Nach Todesfällen stürzt ein Großteil der betroffenen Menschen, die sog. Hinterbliebenen, in ein tiefes Loch, aus dem sie oftmals ohne fremde Hilfe nicht mehr herauszukommen glauben.

Auch diesbezügliche Selbsthilfe-Angebote wie z.B. »Verwaiste Eltern e.V.«, »Trauer – Gesprächskreis«, »Hospiz-Verein« oder »Omega-Forum« etc. treten häufig auf der Stelle, da sich die Teilnehmer in den Gruppen immer wieder und immer neu im Kreis drehend ihre Verzagtheit, ihr Alleinsein, das Verlassen-worden-sein vor Augen halten, neben der gegenseitigen Aufmunterung, die sicherlich auch da ist – und ich will den Sinn solcher Einrichtungen keineswegs generell in Frage stellen –, in die Gefahr geraten, andere wieder mit sich herunterzuziehen oder sich auch von anderen Teilnehmern herunterziehen zu lassen.

Gingen die Versuche, Trauernde zu trösten manchmal nur einen einzigen Schritt weiter, aus dem Jammertal im wahrsten Sinn des Wortes heraus, nähmen sie wirkliche *Ein-sicht* in die geistige Welt – und dies ist möglich! – und förderten mehr die Kommunikation mit den Verstorbenen, alle wären gelassener, könnten erkennen und sich entwickeln, könnten loslassen anstatt festzuhalten, könnten ihre Lieben gehen lassen, wüssten sie in guter Obhut und könnten sich selbst wieder – und zwar ohne Schuldgefühle und allzugroße Trauer – dem Leben zuwenden und glücklich werden.

Wir <u>hier</u> und die geistigen Wesen <u>dort</u> könnten freier sein und hätten viel weniger Angst und viel mehr Lebensfreude, auch sehr viel mehr Freude an der eigenen seelischen Entwicklung.

Dass eine solche geistig-seelische Freiheit und das sich daraus ergebende Gefühl der Erleichterung, des bedingungslosen Angenommenseins und das Gewahrwerden der allumfassenden Liebe möglich ist, habe ich selbst erlebt und erlebe es immer wieder, und ich kann sagen: »Gott und die Seelen aus der geistigen Welt sind das Beste, was mir in diesem Leben begegnet ist, und ich lasse mich immer wieder neu und gerne aus dieser Dimension anrühren und anrufen.

Anhand einiger persönlicher Beispiele und aus dem Erlebnisbereich anderer Menschen berichte ich nun von einigen Kontaktaufnahmen mit Wesen der anderen Wirklichkeit, die den Leser etwas vom Trost, von der Güte, der Weisheit und der Liebe spüren lassen mögen, die unsere Lieben in der jenseitigen Welt für uns empfinden und uns schenken.

Ich bitte für Sie um einen wachen Verstand und um Öffnung Ihrer Herzen!

Anmerkung

In der Parapsychologie versteht man unter einem *Medium* eine Person, die für fähig gehalten wird, Außersinnliches wahrzunehmen.

Medien (Medium=lat.»das in der Mitte befindliche«) sind Menschen, die die Fähigkeit besitzen, Botschaften von nicht physisch-verkörperten Wesen, z.B. von Geistern, Engeln oder Verstorbenen wahrzunehmen.
Sie sind Mittler zwischen der geistigen und der materiellen Welt. Dabei können sie den Hilfe suchenden Menschen (Klienten) Botschaften des Trostes und/oder der Lebenshilfe übermitteln.

Alle Medien, von denen fortan die Rede sein wird, habe ich in ihrer Arbeitsweise zwar in verschiedenen Sitzungen und auf Seminaren kennengelernt, persönlich aber kenne ich sie allesamt nicht, und ihnen war und ist von meiner Lebensgeschichte bzw. aus meinem Umfeld ebenfalls nichts bekannt.

Einzige Ausnahme:
Das Medium und gleichzeitig meine Freundin ERIKA Schulz.

Um die Identität der Personen, von denen in den angeführten Beispielen die Rede ist, zu schützen, habe ich die Namen verändert.

Du hast noch ein Kind in der geistigen Welt

Hans Borsdorf, Heiler
Gaye Muir, Medium

Während Hans mich begrüßt, schaut er mich etwas länger an und fragt dann:
»Hast Du Kinder?« Ich: »Ja, eine Tochter.« Hans daraufhin ganz unvermittelt: »Dass Du noch einen Sohn in der geistigen Welt hast, weißt Du?!«

Ich bin ganz perplex, erinnere mich aber sofort an einen »Abgang« zu dem Zeitpunkt, als ich etwa 20 Jahre alt war. Nie hätte ich es für möglich gehalten, dass sich in dem fünfeinhalb Wochen alten Embryo bereits eine Seele eingefunden haben könnte.

Ich fühle mich etwas ertappt, da ich über die Schwangerschaft lange Zeit aus Scham und schlechtem Gewissen heraus weitgehend geschwiegen habe. Ein Kind war mir zum damaligen Zeitpunkt gar nicht willkommen, zumal sich die Umstände der Schwangerschaft äußerst prekär darstellten.

Nach der anfänglichen Sprachlosigkeit und einer gewissen gefühls-mäßigen Starre auf die Nachricht von Hans kommt dann aber – ebenso plötzlich – *Freude* in mir auf » ...es gibt noch einen Sohn, ich habe noch ein Kind ...!«

Alles ist für mich wie ein Erkanntwerden im Sinne einer liebevollen Umarmung, ein großes Geschenk für mich.

Hans fragt ganz nebenbei: »Sagt Dir der Name Matthias etwas?«
»Ich weiß nicht«, ... »Matthäus schon, aber Matthias? ..., nein.«

Hans wartet auf keine weitere Erklärung von mir, und ich trage das gelüftete Geheimnis behutsam und glücklich in mir nach Hause ...
mein Sohn!

In der Folgezeit habe ich immer öfter an ihn gedacht, auch zaghaft begonnen, mit ihm zu reden und mir vorgestellt, wie alles gekommen wäre, wenn er sich damals nicht von mir und aus meinem Leben gelöst hätte.

...bedrückende Gefühle, Unsicherheit und auch immer wieder die Frage nach dem Anteil meiner Schuld, obwohl es ja ein selbständiger »Abgang« und kein manipulierter »Abbruch« war ... ...

Wie erleichtert bin ich dann, als mir etwas später während einer Einzelsitzung das Medium Gaye Muir u.a. übermittelt: »Ich sehe da einen jungen Mann; er ist Dein Sohn und gemeinsam mit Deinem Vater in der geistigen Welt. Beide arbeiten zusammen, und Dein Vater kümmert sich liebevoll um ihn.«

Und noch viel glücklicher werde ich, als Gaye mir während einer öffentlichen psychometrischen Demonstration (Gaye hat ein Glas in der Hand, das ich zuvor für ca 20 Minuten in Händen gehalten habe und in dem jetzt meine Energie gespeichert ist, über die Gaye nun Verbindung zum Jenseits aufnehmen kann) u.a. mitteilt: »Ich sehe Deinen Sohn, der in der geistigen Welt aufgewachsen ist. Er möchte Dir sagen, dass es damals ganz allein seine Entscheidung war zu gehen. Er spürt Deine Schuldgefühle, jedoch brauchst Du Dir keine weiteren Gedanken zu machen, denn *er* benötigte diese Aufgabe für die Entwicklung *seiner* Seele.«

Alles ist gut und in göttlicher Ordnung.

Dieser Gedanke und ein Gefühl von allumfassender Liebe durchströmen mich.

So glücklich bin ich lange nicht mehr gewesen.

Dank an Hans und Gaye und an alle Kräfte in der geistigen Welt, die mithelfen, dass Verbindungen in dieser Weise stattfinden können und solche Nachrichten durchkommen dürfen.

Ist es wirklich meine Mutter, die sich da meldet?

Doris Forster, Medium

Doris nennt folgende Erkennungszeichen (meine Gedanken dazu stehen jeweils in Klammern):

1) »Ich spüre eine mütterliche Energie« – (na ja, gut)
2) »Die Frau, die ich sehe, trägt ihre Haare glatt zurück-gekämmt.« – (ja, meistens, aber trifft das nicht auch für viele andere Frauen zu?)
3) »Sie ist adrett angezogen.« – (ja, gut, unordentlich oder gar schlampig war meine Mutter wirklich nicht!)
4) »Die Dame zeigt sich in einem dunklen Kostüm und weißer Bluse.« – (ja, aber das trugen viele Frauen damals – und heute auch noch.)
5) »Kochen, Backen und Nähen waren ihre Hauptbe-schäftigungen.« – (das stimmt, aber viele Frauen haben in der Nachkriegszeit diese Fähigkeiten entwickeln müssen)
6) »Nun höre ich eine gezielte Mitteilung über Dich: Du schlägst nicht nach ihr, sondern machst etwas ganz anderes.« – (stimmt, …sollte es sich tatsächlich um meine Mutter handeln?) Hoffnung keimt auf. Doris Forster nämlich kennt ja weder meine Mutter, noch weiß sie irgendetwas von bzw. aus meinem Leben.
7) »Ich spüre deutlich ein Gefühl von übergroßer Liebe.« – (nun gut, aber welche Mutter würde ihrem Kind keine Liebe schi-cken?)

Ich bin ganz unglücklich, weil ich noch immer unsicher bin, ob es sich bei der Seele aus der geistigen Welt wirklich um meine Mutter handelt.

Doris Forster spürt noch einmal in die Verbindung hinein, …zuckt die Achseln und schüttelt dann verständnislos den Kopf.

»Was ist?«, frage ich.

»Deine Mutter lächelt und zeigt mir eine Kette; komisch, die ist halb echt und halb unecht, …was sie damit sagen will, kann ich nicht erkennen.«

»Aber ich«, lache ich und *weiß* jetzt, dass es sich um meine Mutter handelt.

Zur Erklärung

Meine Mutter hatte mir lange vor ihrem Tod eine echte Perlenkette geschenkt. Die Kette war kurz; da ich sie aber gern unter Rollkragen-pullovern tragen wollte, beauftragte ich – zumal ich damals nicht viel Geld besaß – einen Juwelier, vom Verschluss der Kette aus rechts und links jeweils noch 16 künstliche Perlen aufzureihen.

Es ist eine schöne lange Kette geworden (das Unechte verschwindet unterm Kragen), und Muttis Perlenkette macht sich ausnehmend gut auf meinem Pullover.

Nachdem ich meine Mutter nun eindeutig erkannt habe, kann ich mein Herz ganz öffnen: Ich fühle Freude, Liebe, auch ein wenig Trau-rigkeit, bin aber völlig ergriffen von der tröstlichen Gewissheit, dass sie lebt und mir tatsächlich ganz nah ist.

Es finden dann noch einige sehr gute Durchsagen von ihr statt. Heute weiß ich, dass auch die Seelen im Jenseits sich freudig öffnen und ganz persönliche Gefühle übermitteln, sobald sie spüren, dass sie erkannt werden und man sich über ihre Nähe freut.

Meine Mutter fragt: »Wie ist es mit dem Buch?« (»Ich habe vor, ein weiteres Buch zu schreiben«, erkläre ich der »unwissenden« Do-ris.)

Und sie übermittelt weiter: »Deine Mutter freut sich sehr darüber, und sie hilft mit beim Entstehen des Buches.«

Danach kommt noch eine ganz wichtige Botschaft durch: »Deiner Mutter ist das Herz schwer. Sie möchte heute um Verzeihung bitten, dass sie euch Kindern (ich habe noch eine Schwester), obwohl sie euch sehr liebte, wenig Nähe und Zärtlichkeit hat zeigen und geben können. Das tut ihr sehr Leid.«

Ich bin ganz betroffen ... es stimmt ..., »aber es war doch trotzdem alles gut«, flüstere ich ihr entgegen. Dann fügt Mutti noch hinzu, dass sie im Jenseits ihr ganzes Leben rückblickend erkennen konnte und jetzt in der geistigen Welt mit Kindern arbeitet, um zu lernen und sich weiterzuentwickeln.

Ich freue mich für sie und schicke ihr viel Licht und Liebe.

Meine Mutter lächelt und lässt mir noch sagen. »So schön habe ich es mir hier »oben« nicht vorgestellt!«

Dann ist sie gegangen.

Aufmunterung aus dem Jenseits

M anches Mal melden sich Seelen, zu denen im irdischen Leben wenig Kontakt bestand – wie bei mir in diesem Fall-, die uns jedoch vom jenseitigen Bereich aus viel Hilfe, Trost und Aufmunterung geben wollen, uns damit sehr berühren können und dadurch nahe sind.

Erika Schulz, Medium

Es meldet sich ein Mann, etwa 30 bis 40 Jahre alt, eine elegante Erscheinung.(Die geistigen Wesen zeigen sich oftmals viel jünger, als wir sie in Erinnerung haben). Er wirkt äußerst vital, ist lustig und zeigt Erika eine Auswahl (selbst)-gemalter Bilder.

Erika zu mir: »Er sagt, er habe sich durch mich schon einmal gemeldet.«

Ich überlege …, da wird Erika der Großbuchstabe E gezeigt. Daraufhin vermute ich, dass es sich um meinen Onkel Erich, den Bruder meines Vaters handelt. Er war zu Lebzeiten Kunstmaler, und sein wunderschönes Bild einer Heidelandschaft hängt noch heute in unserem Haus.

Onkel Erich hatte sich vor längerer Zeit tatsächlich schon einmal gemeldet, hatte zwar Botschaften *an mich* gerichtet, die aber *für meine Tochter* bestimmt waren.(Auch das geht!)Und zwar sollte ich ihr ausrichten, dass er stets in ihrer Nähe sei, um sie zu beschützen, aber vor allem um ihr mehr Spaß und mehr Freude am Leben zu vermitteln.

Ich habe die Durchsage damals weitergegeben, …und sie wirkt! (Übrigens kannte meine Tochter K. Onkel Erich nicht persönlich.)

Dann schaut Erika erstaunt und beschreibt:»Jetzt zeigt er mir ein Portrait von einer schönen Frau, klappt dieses Bild nach hinten – wie bei einem Kalender mit einer Spirale –, und ein neues Bild mit einem anderen Frauenkopf erscheint, dann noch eines und ein weiteres ...4 Frauenbildnisse!«

Ich lache: »Ja, das ist Onkel Erich! Er war stets zum Flirten aufgelegt und hier im irdischen Leben tatsächlich viermal verheiratet.«
Erika spürt eine angenehme Leichtigkeit von ihm ausgehen, und Onkel Erich meint, dieses Gefühl der Leichtigkeit wolle er mir übermitteln, denn ich wäre zu oft zu traurig.

Deshalb folgende Tipps für mich:

1) Ich solle Schmetterlinge und Vögel beobachten, und dem Gefühl, das sich dabei entwickelt, möge ich nachspüren, um es dann tief in mein Inneres aufzunehmen.
2) Von Menschen, die viel trauern und weinen (ich bin Trauer – und Sterbebegleiterin) solle ich die Schwingungen nicht so intensiv aufnehmen und der Leichtigkeit in meinem Leben mehr Platz einräumen.

Onkel Erich malt mir dann eine rosa Rosa mit einer Träne und gibt mir den Rat: »*Male* und *lebe* diese Rose so lange, bis sich die Träne allmählich auföst.«
Ich arbeite daran.

Über die Aufmunterung und die Hilfen aus der geitigen Welt freue ich mich natürlich sehr, bedanke mich herzlich, und mein Onkel Erich zieht sich – wie in einen Nebelschleier gehüllt – langsam wieder in die andere Dimension zurück.

Erkenntnisse, übermittelt von meiner Großmutter

Ich war erst fünf oder sechs Jahre alt, als meine Großmutter väterlicherseits starb. An ihr Ende kann ich mich aus folgendem Grund noch gut erinnern:

Meine Oma war ziemlich korpulent, und während der letzten Tage ihres Lebens mockierte sich die gesamte Familie darüber, dass sie – trotz ihrer Leibesfülle und des bevorstehenden Todes – noch so viel aß.

Meine Seele hat keines von den Gefühlen vergessen, die mich damals sehr bedrückten, als die Erwachsenen derart herablassend und geringschätzig über Oma sprachen, sie regelrecht ausgrenzten, weil sie allen so peinlich war.

Im Erwachsenenalter stiegen – immer wenn ich mir ein Bild von ihr ansah – Gefühle von Traurigkeit, Mitgefühl und ein Ungerechtigkeitsempfinden über die Ablehnung durch ihre Umgebung in mir auf.

Da in meinem Körper ebenfalls eine nicht geringe Anzahl der Gene von Oma und auch von meinem Vater – auch er war zu Lebzeiten recht rundlich – zu wirken scheinen, hat das Thema »Körpergewicht« in meinem bisherigen Leben einen nicht unwesentlichen Raum eingenommen.

Viele, viele Diäten mit den üblichen Jojo-Effekten, von denen jeder Übergewichtige wohl ein Lied zu singen weiß, haben mich jahrzehntelang begleitet.

*

Während der letzten sieben Jahre, in denen ich ja des öfteren Gelegenheit hatte, Medien kennen zu lernen, die Verbindungen zur geistigen

Welt herstellen können, hoffte und wünschte ich oftmals: »Bitte, Oma, melde dich doch mal!« Ich wollte von ihr einfach wissen, wie es ihr jetzt geht und ob die Schmach, welche sie auf Grund ihrer überflüssigen Pfunde durch Mitmenschen erlitten hatte, überwunden war.

Zeit verging.

Nach mehreren Jahren meldete sie sich dann während eines Seminars überraschend durch das englische Medium *Sandra Baker*:

»Da ist eine Frau, sie ist kleiner als du, recht kräftig gebaut …eine mütterliche, nein, eher eine großmütterliche Energie.« Ich strahlte. Da meine andere Oma stets schlank war, konnte es sich nur um meine Oma Anna handeln!

»Diese Frau schickt dir viel Liebe und teilt mit, dass sie großen Anteil an deinem spirituellen Werdegang nimmt.«

Ich war sehr erfreut und aufgeregt zugleich, wohl hatte ich sie längst erkannt, war aber doch überrascht und völlig sprachlos, dass meine wiederholten Bitten nun endlich erhört worden waren.

Nach weiterer Beschreibung einzelner Erkennungsmerkmale (Kleidung, Haare, Brille u.a.) über Sandra, fragte die mich unvermittelt:

»Möchtest du deiner Großmutter vielleicht etwas sagen oder sie etwas fragen?«

Das war möglich?!

Nachdem ich innerlich ein wenig ruhiger geworden war, antwortete ich:

»Ja, natürlich … das,was ich schon immer wissen wollte …, liebe Oma, danke, dass du gekommen bist, bitte kannst du mir durch deine Erfahrung helfen und mir raten, wie ich es lerne, mit meinem »Groß – und kräftig – Problem« besser umzugehen, um weniger darunter zu leiden?«

Stille … … …

Gedankenfetzen jagten mir durch den Kopf …, Frage zu banal …,sie wird nicht antworten, weil ich sie zu sehr an ihr Seelenleid erinnere …, mit so etwas behelligt man die geistige Welt nicht …, Ende der Durchsage …, nichts tut sich, das hab' ich jetzt davon!

Sandra schmunzelte.

»Was ist?«, fragte ich gespannt.

»Deine Großmutter steht da, zeigt sich in ihrer ganzen Fülle, stämmt die Hände in die Hüften und schüttelt lächelnd den Kopf. Dabei übermittelt sie mir, dass sie in dein Herz hineinschaut, und da sei alles in bester Ordnung.«

Sandra macht eine kleine Pause, dann fährt sie fort: »Deine Großmutter lässt dir sagen,der Leib sei nicht so wichtig. Sie wäre damals zu ihrer Zeit auf der Erde froh gewesen, so viele Möglichkeiten der Entfaltung auf *allen* Ebenen zu haben wie du sie heute hast. Nutze sie, das wird dich seelisch-geistig weiterbringen, du hast soooo ein großes Herz.«

Daraufhin ist Oma Anna verschwunden.

Ich sitze da mit hochrotem Kopf und schäme mich: Nach all der spirituellen und medialen Arbeit, mit der ich mich beschäftige, hätte ich das doch eigentlich auch selbst wissen müssen!

Aber so erkenne ich – und das ist nicht unwichtig!-, dass die Seelen in der geistigen Welt, die als Begleiter an unserer Seite gehen und unser Herz und unseren Geist erweitern, niemals müde werden uns zu ermuntern, zu erheitern und das Wissen in uns fördern, das wir durch unsere Verbindung zur göttlichen Quelle ja letztlich alle bereits in uns tragen.

Nach dieser wunderbaren Sitzung löse ich mich von der Seminar-Gruppe und laufe etwa zwei Stunden lang (Seite an Seite mit meiner Oma!) am Waldrand entlang, spüre tief in mein Innerstes hinein und komme – mit Großmutters Hilfe- zu folgender Erkenntnis:

Wir *sind* die Seele und *haben* einen Körper, nicht umgekehrt!

Und so legen wir am Ende eines irdischen Lebens nur unseren materiellen Körper aus Fleisch und Blut, der uns als Haus, als Fahrzeug gedient hat, ab. Die Seele aber bleibt erhalten und lebt weiter.

Alles, was Körper und Verstand in einem Leben erschaffen und gesammelt haben, bleibt hier, wenn wir sterben, aber alles, was in uns seelisch und geistig gewachsen ist, nehmen wir mit.

Fähigkeiten wie Mitgefühl, Liebe, Geduld, Lebensfreude, Demut, Dankbarkeit, Hilfsbereitschaft u.a., das alles macht unser wirkliches Lebenswerk aus, nicht der schlanke und gut proportionierte Körper, nicht das Einfamilienhaus, die Ferienwohnung auf Mallorca, nicht der Doktortitel oder das dicke Bankkonto!

Natürlich hinterlässt alles, was wir erdacht und geschaffen haben in einem Leben, Spuren in unserem Seelengedächtnis, auch sind viele Dinge, Errungenschaften und Aktivitäten gut und richtig für unser diesseitiges Leben, vielleicht sogar auch noch für die Nachwelt, aber:

Wichtig für uns persönlich, für jeden einzelnen von uns ist in allem Dasein letztlich nur der Entwicklungsstand unserer Seele und bei allem Tun und Lassen die Absicht in unseren Herzen!

Wer mag, vergewissere sich in der Bibel (1.Samuel 16,Vers 7), wo es heißt: »Der Mensch sieht, was vor Augen ist, Gott aber sieht das Herz an.«

*

Meine Körperwahrnehmung stellt heute kein Problem mehr für mich dar, sondern eher eine Aufgabe, die mir Helfer aus dem Jenseits damals als wirklichen »Ein-fall« schickten, kurz bevor ich meinen Rundgang in der Natur beendet hatte. Die Meldung klang ungefähr so:

»Heike, achte auf deinen Körper, damit die Seele Lust und Freude hat, darin zu wohnen.«

Diese Aussage – von Oma oder von wem auch immer – steht für mich nicht im Gegensatz zu den bisherigen Ausführungen, sie ist vielmehr eine wundervolle Ergänzung.

Wieder danke ich der geistigen Welt und all ihren fleißigen und wunderbaren Helfern sowie allen Medien, die sich als Verbindungskanal zum Jenseits zur Verfügung stellen, um uns auf die Sprünge zu helfen.

Hilfe in ganz profanen Dingen

Gaye Muir, Medium

Zu Beginn meiner spirituellen Arbeit lebte ich in einer großen Wohnanlage.

In einem Jahr musste die Eigentümergemeinschaft – außer der üblichen Rücklage – viel Geld für eine große Reparatur locker machen. Diese Reparatur zog sich über mehrere Jahre hin.

Ich nahm Einsicht in die Planungs- und Abrechnungsunterlagen und stieß auf etliche Ungereimtheiten.

Später ließ ich mir von vielem Kopien anfertigen, um in Ruhe alles noch einmal durcharbeiten zu können.

Ich spürte deutlich, dass etwas nicht in Ordnung war (s. Bauchgefühl), besprach auch einiges mit meinem Mann; wir überlegten gemeinsam und stießen dann nach und nach auf viele kleine und größere Unregelmäßigkeiten, aber irgendwie gelang uns keinen rechter »Durchbruch«.

In dieser Zeit betete ich noch mehr als sonst und bat die geistige Welt um Hilfe.

Ich wollte dieses leidige Thema natürlich sowohl aus meinem Kopf loswerden als auch meine Seele davon befreien.

Als ich wieder einmal an einem Seminar für Medialität teilnahm, erhielt ich ein Sitting bei dem englischen Medium Gaye Muir.

Nachdem sich zunächst meine Mutter gemeldet hatte, erschien dann auch mein Vater. Er beschrieb u.a. recht genau meine Wohnung, auf die – wie er sagte -»dunkle Schatten« fielen.

»Welche Bedeutung haben die Schatten?«, fragte ich ahnend.

Da beschrieb Gaye meinen Vater als sehr aufgebracht über die derzeitige Wohnsituation sowie die finanzielle Belastung.

»Er rät dir, ein Amt aufzusuchen und die Zustände zu melden,«gab das Medium durch, »es geht vieles unter dem Tisch ab …, aber du brauchst keine Angst zu haben.«

»Wie dort gehandelt wird, das darf nicht sein!«, schickte mein Vater noch hinterher.

Nun gut, das sah ich genauso, aber ohne reale Anhaltspunkte und trifftige Gründe konnte und würde ich nichts unternehmen. Ich bedankte mich bei meinem Vater und wünschte ihm alles Gute, versprach ihm noch, in der Sache am Ball zu bleiben.

»Ich helfe dir …«, übermittelte er durch Gaye, ehe er sich wieder zurückzog.

*

Nach ein paar Monaten, mitten in der Nacht, schrecke ich auf, sitze aufrecht in meinem Bett und habe den klaren Satz wie eine Eingebung in meinem Kopf: »Die Lösung liegt bei … … …(hier folgen Name und Adresse einer Firma)«.

Ganz aufgeregt laufe ich in das Zimmer, in dem wir alle Unterlagen der Wohnungsangelegenheit aufbewahrt haben, blättere in Rechnungen und da – tatsächlich! – finde ich schwarz auf weiß die Adresse, die bestätigt, dass die Rechnungen an die Hausgemeinschaft ganz offensichtlich nicht korrekt bearbeitet worden sind.

Ich bin sprachlos, wecke sofort meinen Mann – nachts um vier Uhr –, und wir sind beide erstaunt … einerseits über die Botschaft von »oben« und andererseits über die Tatsache, dass wir diesen deutlichen Hinweis trotz intensiven Suchens in den Unterlagen wohl immer wieder übersehen haben müssen.

Da sich damals die ganze Angelegenheit weder durch Schriftverkehr noch durch Gespräche klären ließ, sah ich mich genötigt, – so wie es mein Vater bereits angedeutet hatte – eine höhere (diesmal weltliche) Instanz zu beauftragen, Licht ins Dunkel zu bringen.

Die Sache zog sich lange hin, hat aber schlussendlich zu einem guten

Ende für uns Wohnungseigentümer geführt. Bei einem diesbezüglich letzten Verfahren habe ich sogar ohne weltlichen Anwalt (ich hatte ja ausreichend Unterstützung von »oben«!) gegenüber den Ausführungen eines Fachanwaltes der Gegenpartei vor Gericht obsiegt.

Dank an Papa, an meine geistigen Helfer und an meinen Mann!

Es geht mit hier nicht um den »Sieg« an sich, sondern ich will mit diesem Beispiel vielmehr klarmachen, dass durch Verbindungen zu Verstorbenen wir darauf rechnen können, dass sie uns weiterhin auch mit ihrem fachlichen Rat (mein Vater war zu Erdenzeiten Steuerberater) zur Seite stehen, wenn wir uns an sie wenden und sie um Hilfe bitten.

Mein Papa ist ganz sicher sehr stolz auf seine Tochter – und ich erst auf ihn!

Engel, Geistführer und andere hohe Herrschaften

Doris Forster, Medium
Erika Schulz, Medium

Während einer Veranstaltung mit englischen Medien, bei der das deutsche Medium Doris Forster die Moderation übernommen hatte, sagte sie im Vorbeigehen zu mir: »Du hast »oben« einen Mönch als geistigen Helfer; er ist klein, etwas korpulent und wirkt sehr lebenslustig.« Ich rief Doris noch hinterher: »Wie heißt er denn?«, daraufhin das Medium: »Gib ihm einen Namen!«

Na, das war ja schwer! …Benedikt …,oder Andreas …,vielleicht Raphael oder einfach Franz? Es sollte doch der *richtige,* ein vom Gefühl her stimmiger und angemessener Name sein. Ich entschied mich zunächst für Benedikt, aber so richtig gut fühlte es sich nicht an.

Wochen vergingen.

Wohl sprach ich meinen Helfer im Jenseits hin und wieder ganz mutig an, manchmal redete ich auch mit ihm, und immer öfter sah ich ihn recht deutlich vor meinem geistigen Auge: Er war nicht groß, hatte ein kleines Wohlstandsbäuchlein und leicht schütteres Haar; seine gesamte Gestalt war umhüllt von einer dunkelbraunen Kutte ohne Gürtel. Das freundliche Gesicht strahlte: Leichte Pausbäckchen, weiche Gesichtszüge und wunderbar liebevoll und schelmisch blickende Augen!

Benedikt (d.h. »der Gesegnete«) schien mir irgendwie doch nicht der passende Name für meinen Freund zu sein …zu seriös.

Schließlich beschränkte ich mich einfach auf ein namenloses DU.

Der kleine Mönch ist mir nach und nach sehr ans Herz gewachsen, er ließ sich immer häufiger blicken und schickte mir äußerst wertvolle Tipps und gute Gedanken. Ich war darüber ziemlich froh.

Nun ja, andere Menschen hatten offensichtlich höher gestellte Wesen als Helfer, richtig große Geistführer, Mentoren und ganz hohe Meister mit besonders ausgewählten und oft unaussprechlichen Namen. Einige berichteten sogar davon, dass sie Buddha »channelten«, auch Ghandi und Jesus, sogar Gott!

Ach, wie bescheiden ich mich doch dagegen ausnahm mit meinem kleinen Pater!

A propos bescheiden: Das englische Wort *meek* bedeutet so viel wie bescheiden, sanft … …meek … Paul Meek, das englische Medium aus München fiel mir ein …, und der hat auch noch eine gewisse Ähnlichkeit mit meinem geistigen Freund. Wenn das nicht ein Hinweis von oben war! Fortan also stand ich in glücklicher Verbindung zu Pater PAUL, meinem Helfer aus der geistigen Welt.

Ich spürte ihn häufig in meiner Nähe, vor allem in Situationen der Unsicherheit, wenn ich mich quasi in einer Zwickmühle befand.

»Bitte, melde Dich!«

Wie oft habe ich diesen Ruf ins Weltall an ihn gerichtet, und ich kann sagen: Er war (und ist!) immer da, mal etwas leiser, aber oftmals auch sehr deutlich und kraftvoll.

So auch in folgender kurioser Situation:

Meine Freundin ERIKA, ihres Zeichens Medium (und ein sehr gutes dazu!) und ich hatten uns dummerweise von zwei weiblichen Bekannten (hier I. und A. genannt) dazu überrumpeln lassen, uns mit ihnen an ein sog. Ouija – Brett (Wahrsagebrett) zu setzen.

»Täglich befragen wir dieses wundervolle Teil und erhalten immer die richtigen Antworten, Ihr werdet sehen!«, so die engagierten Damen.

Während der kurzen Zeit, in der I. und A. das Brett aus dem Auto holten, wechselten meine Freundin und ich einen kurzen, aber vielsagenden Blick; unser Innerstes wollte sich überhaupt nicht auf dieses spiritistische Experiment einlassen! Also schützten wir uns und verschlossen unsere Aura, hüllten uns in Licht und beteten inständig:

»Bitte, meldet Euch! Helft uns dabei, dass nichts von diesem »Spuk« gelingt und wir durch nichts von allem berührt werden können.«

Das Spiel begann: I. stellte eine Frage, fuhr mit der Panchette (angebliches Bewegen derselben durch Geister) über das Brett und landete bei NEIN.

A. sagte erregt: »Das gibt's doch gar nicht« und versuchte es mit einer anderen Frage …, wieder NEIN! »Das geht doch sonst immer,« riefen beide Damen ungläubig aus, die sonst offensichtlich nach ihren gestellten Fragen stets bei JA gelandet waren, und starteten noch etliche Versuche. Nichts ging, I. und A. waren fassungslos und enttäuscht zugleich. Meine Freundin Erika und ich haben Blut und Wasser geschwitzt, während wir innerlich immer wieder Hilferufe nach »oben« schickten.

Wir arbeiten gern mit geistigen Wesen, aber die niederen und sogenannte Foppgeister müssen es nun wirklich nicht unbedingt sein!

Da erblickte ich plötzlich »meinen« Mönch: Er stand da und lachte über uns, er lachte uns aus mit den Worten, die ich ganz deutlich hörte: »Was macht ihr denn da? Das ist albern, unseriös und nichts für euch.«

Schließlich gaben I. und A. resigniert auf, wir verließen den »Tatort« und setzten uns – zwei erschütterte und zwei überglückliche Menschlein – in die Sofaecke; und da erblickte ich ihn wieder: Er stand da, sein Gesicht war jetzt ernst, und er selbst wirkte etwas betrübt …, dieses Gefühl jedenfalls übermittelte er mir.

Auch ich wurde dadurch ein wenig traurig und Scham erfüllte mich …

Als unser Besuch gegangen war, bedankten sich ERIKA und ich für die Hilfe aus der geistigen Welt, und – was derartige spiritistische Experimente anbelangt – nahmen wir uns fest vor:

NIE WIEDER!

Wenn Menschen uns bei Spukphänomenen in ihren Häusern um Hilfe bitten, setzen wir uns selbstverständlich und ernsthaft auch mit diesen Geistern auseinander, aber mit ihnen herumzuexperimentieren aus Jux, das kann böse Folgen haben; und das Lachen vergeht einem schnell, wenn sich diese Wesen steigern – und das tun sie, sobald man sie ruft, ihnen Einlass gewährt und mit ihnen »spielt«.

(s. Infos im Internet unter »Spuk« und »Poltergeister«)

Im Anhang befindet sich für Spukphänomene in Wohnungen und Häusern die Empfehlung eines Reinigungsrituals.

Einige Zeit später, irgendwie war ich noch immer im Zweifel darüber, ob es nicht doch wichtig wäre, wenn man Nachrichten aus der geistigen Welt erhalten wollte, einen jenseitigen Helfer beim Namen nennen zu können, eben um sicher zu gehen, dass man die richtige, die gewünschte Verbindung hatte, ähnlich wie beim Telefonieren eben, da passierte mir folgendes:

Während einer Rückführung, bei der ich meine Freundin ERIKA, die als Volltrance – Medium bei dieser Arbeit Seelenanteilen von Klienten aus vergangenen Leben ihren Körper zur Verfügung stellt,[2] begleitete, rief und bat ich den Heiler Bruno Gröning und den bekannten Arzt Dr. Fritz aus der geistigen Welt, mit mir Verbindung aufzunehmen und uns über das Medium bei der geistigen Heilarbeit zu helfen.

Da wendete sich die Seele des Klienten, die sich inzwischen in ERIKA eingefunden hatte, an mich und sagte: »Du brauchst keinen Namen zu nennen. Im Jenseits sind Heiler, Ärzte und Helfer genug da, und es kommen die, die sich selbst dafür entscheiden zu helfen und die sich für euere Arbeit in diesem Augenblick zuständig fühlen.«

---

2 Heike Gade »Ich bin, ich war, ich werde« ISBN 3-89906-618-9 BoD Verlag

Das war eine deutliche Aussage, die wir seit damals berücksichtigt haben und die auch zukünftig für uns gelten soll.

So bin ich bezüglich meines lieben Freundes, des kleinen Mönchs, in der geistigen Welt, wieder beim namenlosen DU gelandet, dieses Mal aber mit einem guten Gefühl!

Eine weitere Bestätigung der oben genannten Antwort erhielt ich auf einem Kongress, auf dem durch ein bekanntes englisches Volltrance – Medium ein chinesischer Meister auf Fragen aus dem Publikum antwortete.

Ein Kongressteilnehmer stellte gezielt die Frage nach der Wichtigkeit von Namen der geistigen Wesen für die spirituelle bzw. mediale Arbeit, aber auch für jeden Menschen, der mit »oben« kommunizieren will, und die Antwort des Chinesen lautete:

»*Wir* entscheiden, ob wir uns mit Namen zu erkennen geben oder nicht, von euch aus mögt ihr wohl darum bitten, aber ihr könnt ohnehin nichts fordern, nichts ab- oder herbeirufen oder gar erzwingen, alles fließt aus göttlicher Quelle, und es fließt stets »von oben nach unten«, um es so auszudrücken, wie ihr es versteht.«

FACIT:

Nicht wir hier auf der materiellen Ebene sind es, die bestimmen können, welche Verstorbenen, welche geistigen Helfer, Engel, Meister oder Geistführer sich melden. Es ist vielmehr der freie Wille derer im Jenseits, die sich für eine Kontaktaufnahme zu uns bereit erklären, letztlich aber ist es Gottes Wille, der maßgebend ist für die Entscheidung, wann, wie und durch wen uns Hilfe, Rat, Trost und Nachrichten zuteil werden sollen.

Und dies gilt als Verheißung im Sinne von »Bittet, so wird euch gegeben,suchet, so werdet ihr finden, klopfet an, so wird euch aufgetan.«(Matthäus 7, V.7)

Jedoch sollten in diesem Zusammenhang auch immer die Einsicht und Erkenntnis stehen, dass nicht unser, sondern sein Wille geschieht!

Ferner halte ich es für sehr wichtig zu erwähnen, dass diese Zusage aus dem Matthäus-Evangelium nicht nur für Medien, Hellseher, Heiler und andere sogenannte Profis gilt, sondern ebenso für jeden einzelnen von uns, aber auch für Paare, für Familien, für Gruppen und Völker und dies stets im Zusammenhang mit dem Wohl für das große Ganze.

Bis heute ist mein Freund aus der geistigen Welt in meiner Nähe: In Gedanken, mit Ideen, einer Prise Humor, mit Nachrichten, Hinweisen, mit Lob und mit ganz, ganz viel Liebe!

Und bei unserer letzten Sitzung, vor der wir beteten und darum baten, dass sich ein Helfer aus dem Licht für die Beantwortung unserer Fragen zur Verfügung stellen möge, meldete sich ein Wesen durch ERIKA und begrüßte uns mit den Worten: »Friede sei mit euch. Mein Name ist SAMUEL(von Gott erhört).«

Wie wunderbar!

… und ich sehe meinen lieben Freund, den kleinen Mönch, in der Ferne stehen und lächeln …

P.S.

Erst kürzlich trug sich folgende Begebenheit zu: Während einer Sitzung mit eben diesem Samuel aus der geistigen Welt wollte eine Frau unbedingt den Namen ihres Schutzengels wissen (offensichtlich war ihr dies sehr wichtig, und ich merkte ihr auch an, dass sie einen außergewöhnlichen Namen erhoffte und erwartete).

Die Antwort lautete: »Ich bin ein männliches Wesen, darauf lege ich Wert, und ich heiße *Willibald*.« Stille …

Dann wurde hinzugefügt: »Ich weiß, dass man mit meinem Namen Schwierigkeiten hat, aber ich wünsche keine Abkürzung!«

ERIKA und ich mussten uns ein Schmunzeln verkneifen (Humor zeigt die geistige Welt immer wieder und in allen Facetten), aber wir erkannten auch die Lektion, die der Dame offensichtlich von »oben« erteilt werden sollte:

Es müssen eben nicht alle Engel Raphaels, Benedikts oder Reginas sein, auch Emmas, Huberts und Heinrichs sollten uns willkommen sein, denn aufgepasst:

Wer auf der Suche nach Engeln ist und nur auf die wunderschönen majestätischen Flügel schaut, der darf sich nicht wundern, wenn er eine Gans mit nach Hause bringt!

Eine hohe »Trefferquote« erfreut das Medium und lässt das Herz der Trauernden höher schlagen

Werner Brodesser, Medium

S*ehr beeindruckt war ich in den Jahren 2004/05 von zwei Sittings bei* Werner.

Er ist ein lebhafter, fröhlicher Mensch und – im Vergleich zu den mir sonst bekannten Medien – außerordentlich *schnell* mit seinen Übermittlungen; dadurch gibt er natürlich überaus *viele* Informationen von »oben« durch und ist in den Bereichen des Hellsehens, Hellfühlens und Hellhörens ein äußerst treffsicheres Medium!

Die Aussagen in den damaligen Sitzungen stellten sich heraus wie die eines guten Wahr(=richtig)-sagers, d.h. Beschreibungen über Aussehen, Charaktereigenschaften und Lebensgewohnheiten jenseitiger Menschenseelen und auch Aussagen über meine Person waren richtig, und gewisse mich betreffende »Vorausssagen« aus der geistigen Welt haben sich in der Folgezeit bewahrheitet und tatsächlich bestätigt, so z.B.:

1) »Du hast zwei Bücher geschrieben.« *»Ja, stimmt.«*
2) »Ein drittes ist in der Mache.« *»Nein.«*
   »Doch, oben schon. Deine Mutter wird Dich dabei unterstützen.« – *hat sich inzwischen bestätigt; das Buch, das Sie gerade in Händen halten, ist besagtes drittes.*
3) »Du hast eine Schwester hier auf der Erde.« *»Ja, das stimmt.«*
   »Euer Verhältnis ist angespannt, nicht wirklich schwesterlich.« *»Stimmt auch.«*
   »Es steht für Dich das Thema »Verzeihen und Loslassen« an.« – *hat sich im Laufe der Zeit bewahrheitet.*
4) »Du hast ein Kind hier unten und eines in der geistigen Welt.« *»Ja.«*

5) »Das Kind hier …, ein Mädchen?« »*Ja.*«
»Sie ist sehr hübsch.« »*Ja.*«

6) »Du bist in Deiner ersten Lebenshälfte sehr gebremst worden (Umwege, Schwierigkeiten, Stolperfallen u.ä.).« »*Ja, kann ich so sagen.*«

»Seit einiger Zeit bist Du aber ganz frei und gehst <u>Deinen</u> Weg.«

»*Ja, seit 1997 fühle ich mich wirklich frei (Mutters Heimgang, Ausstieg aus dem Beruf, eigene kleine Wohnung, Anfänge spiritueller Arbeit).*«

7) »Ich bekomme den Namen *KARL* … …« »*Das ist mein Vater.*«
»…und *JOSEF* …« »*Das ist der 2. Vorname meines Mannes.*«

8) »Beide Männer besitzen ein und dieselbe Fähigkeit oder Begabung.«

»*Ja, beide sind firm im kaufmännischen Bereich.*«

9) »Dein Vater dort und Dein Mann hier bringen Dir davon eine gehörige Portion bei.«

»*Nein, das ist so gar nicht mein Metier.*« – *hat sich aber inzwischen bewahrheitet.*

10) »Dein Vater lässt Dir sagen, dass er stets ganz in Deiner Nähe ist und Dich auf Deinem Weg begleitet.« »*Danke, Papa, das ist wunderbar!*«

Zum Heimgang meines Vaters

1) »Dein Vater ist einige Zeit vor Deiner Mutter gestorben.«
»*Ja, ein paar Jahre vor ihr, das stimmt.*«

2) »Ich rieche Äther, ein Zeichen dafür, dass Dein Vater offenbar in einem Krankenhaus starb.« »*Ja, das stimmt auch.*«

3) »Ich habe Rückenschmerzen …oh, der ganze Körper scheint

betroffen gewesen zu sein. Dein Vater hatte zum Schluss große Schmerzen!?.«

»Ja, Vater litt an Osteoporose.«

4) »Dein Vater ist von vielen Menschen umgeben, er liebt(e) wohl die Geselligkeit ...«

»Ja, mein Vater war sehr gern mit Leuten zusammen.«

»Er trank mit ihnen auch ganz gern mal einen.« *»Ja, das auch.«*

5) »Er zwinkert mir zu, scheint ein lustiger Typ gewesen zu sein.«

»Ja, mein Vater war fröhlich,und er liebte Menschen mit Humor.«

6) »Dein Vater spricht einen leichten Dialekt, so etwa *da kütt de Hein ...«*

»Ja, das ist richtig. Mein Vater stammt ursprünglich aus dem Ruhrpott, also genauer gesagt aus Duisburg.«

7) »Er war für Dich mehr Vater als Papa, so wie Deine Mutter auch mehr Mutti als Mama war. Ich spüre eine gewisse Distanz zwischen Eltern und Kindern ...«

»Ja, das stimmt auch.«

8) »Dein Vater dankt jetzt Deinem Mann.« *»Hm?«*

»Ja, er dankt dafür, dass er Dich lässt ...,was immer das heißt.«

»Ja, ich bin ihm für seine Großzügigkeit auch dankbar, das stimmt.«

»Die spirituelle Arbeit ist nicht so sein Ding; er geht nicht mit allem konform.« *»Das ist richtig.«*

»Auch darin lässt er Dich ...« *»Ja, und das ist wunderbar!«*

»Er sieht Deine Bücher, liest die Titel ...,dann ist's gut.«

»Ja, so ungefähr.«

»... aber ein bißchen wird abfärben ...«

»Ja, ich hoffe das und merke es auch manchmal schon.«

9) »Weihnachten war für Deinen Vater immer besonders schön …, auch bei Euch, in Deiner Familie …, sowieso liebte er Familienfeste.«

»Ja, sehr. Es stimmt alles.«

10) »Es muss da etwas Besonderes gewesen sein, als Du Dich von Deinem Vater verabschiedet hast … kurz vor seinem Tod.«

»Ja …«, ich muss schlucken, Tränen treten mir in die Augen, und ich erinnere mich:

In ihren späten Lebensjahren hatten meine Eltern die Angewohnheit, sich manchmal während einer Feier in kleinerer aber auch in größerer Gesellschaft quer durch den Raum hindurch laut zu fragen: »(Karl /Emma), liebst Du mich noch?« Und der (die) Partner(in) antwortete stets: »Ja, mit derselben Wucht wie vor 30, (40 oder 50) Jahren.«
Alle lachten.

Anfangs fand ich das auch noch ganz lustig, da es sich aber stets in derselben Art und Weise und im Wortlaut wiederholte, wurden mir diese Situationen mit der Zeit doch etwas peinlich und unangenehm, denn fast jeder wusste ja, was kam (wie bei einem Witz, dessen Pointe man bereits kennt), und doch:
Für meine Eltern muss es ein gutes Gefühl gewesen sein, das sie in dem Moment offensichtlich noch einmal fester miteinander verband.

Als mein Vater Jahre später im Sterben lag (mehrere Schlaganfälle hatten sein Gesicht bereits stark verändert), wurde meine Mutter, die zu der damaligen Zeit demenzkrank war und die sich bei einem Sturz aus dem Bett mehrere Rippen gebrochen hatte, zu meinem Vater aufs Zimmer desselben Krankenhauses eingewiesen.
Zwei alte, kranke Menschen, … ein Ehepaar, … meine Eltern, da lagen sie nun, jeder in seinem Bett, beide vereint im selben Raum, aber

mein Vater konnte auf Mutters Erscheinen körperlich (Augenkontakt, Sprache, Hinwendung) nicht mehr reagieren, und meine Mutter nahm die Anwesenheit ihres Mannes im Nachbarbett offensichtlich überhaupt nicht wahr. Jedenfalls zeigte sie keinerlei Reaktion, geschweige denn irgendeine Art von Interesse.

Mehr als 50 Jahre waren sie nun miteinander verheiratet, hatten viele Höhen und Tiefen in ihrer durchaus harmonischen Ehe durchlebt und lagen jetzt nebeneinander ohne – wie es schien – eine wirkliche Verbindung.

In diesem Augenblick der Trostlosigkeit half die geistige Welt mir mit einem Impuls, einem deutlichen Hinweis in folgender Weise:

Zu meiner Mutter sagte ich spontan und einfach: »Schau mal, Mutti, in dem Bett hier neben Dir liegt Vati.«. Keine Reaktion. Sie erkannte ihn nicht, verstand vielleicht auch gar nicht recht, was ich sagte.

Und nun folgt das, was ich eindeutig als Hilfe aus der geistigen Welt ansehe: Ich ermunterte meine Mutter: »Frag' Papa doch mal was!« … … es gab einen kurzen Moment der Stille, dann kam es prompt und munter aus dem Mund meiner Mutter: »Liebst du mich noch?«

Ich blickte erstaunt und gespannt auf meine beiden Eltern, und mein Vater »antwortete« – während er den schiefen Mund zu bewegen versuchte und einige unverständliche Laute aus seinem Mund hervorholte –, »…*mit derselben Wucht wie vor … Jahren.*«

Akustisch konnte ich die Antwort natürlich nicht deutlich verstehen, aber ich spürte und *wusste*, dass mein Vater Muttis Frage verstanden hatte und beide Seelen sich in dieser Sekunde wieder ganz nah und miteinander verbunden waren.

In der darauffolgenden Nacht starb mein Vater und ging den Weg in die andere Wirklichkeit.

Was meine Mutter betrifft, so nimmt auch sie hin und wieder Kontakt zu mir auf, jedoch seltener und viel verhaltener.

Und doch war es meine Mutter, die dadurch, dass sie sich mit ihrem Sterben so lange Zeit ließ (es hat etwa dreieinhalb Jahre gedauert, bis sie endgültig die Welt verließ), mir die Zeit und die Möglichkeit gegeben hat, Fuß zu fassen, oder besser: Bis mein Herz sich anrühren ließ von der spirituellen und medialen Arbeit.

Ihr *Warten* und ihr *Tod* bedeuteten für mich *Beginn* und *Geburt* hinein in meine Arbeit mit der geistigen Welt.

Danke dafür, liebe Mutti!

Nur die Liebe zählt

Wie ERIKA und ich bei unserer Rückführungsarbeit immer wieder erkennen können, gibt es in der geistigen Welt für die Seelen offenbar verschiedene Einstufungen im Sinne von »Im Haus meines Vaters sind viele Wohnungen. Ich gehe hin, euch eine Wohnung zu bereiten.«(Joh.14,Vers 2)

Wesen jeweils gleicher Schwingung und auf gleichem seelischen Entwicklungsstand sind im Jenseits beieinander, wobei man dort im Hinblick auf die Menschenseelen in anderen Sphären – ganz im Gegensatz zu den »Gepflogenheiten« von uns Menschen hier auf der Erde – weder ein Vergleichen, Werten noch ein Urteilen oder gar Aburteilen vorfindet. Keiner wird »verdammt«, »gerichtet«, bestraft oder bevorzugt:

Die *alle* und *alles* umfassende bedingungslose Liebe Gottes umfängt dort *jede* Menschenseele – gemäß seines Wesens.

Und so vermitteln uns auch die verschiedenen Engel, die Geistführer, Helfer und Lehrer aus dem Jenseits – wiederum gemäß unseres seelischen Entwicklungsstandes – Lob, Tadel, Tipps, Botschaften und Hinweise verschiedenster Art.

Dabei sind alle diese Zu-Recht-Weisungen und Hilfestellungen, die uns von »oben« geschickt werden, tröstend und zugleich ermutigend, da sie mit Liebe, Mitgefühl und unendlichem Wohlwollen überbracht werden.

Auch ich habe Lob und Tadel von Engeln und Lehrmeistern erhalten und dabei stets gespürt, dass – abgesehen davon, dass alles genau »passte« – die Aussagen durch und durch von Liebe getragen waren.

Die einzige Voraussetzung, die ich dabei für das Gelingen des himmlischen Unterrichts schaffen musste und geschaffen habe, war:

Mein Herz zu öffnen, mich anrühren zu lassen und die Liebe anzunehmen.

Val Morrisson, Medium

Bei einer Sitzung erhielt ich über das Medium von einem meiner geistigen Helfer oder Lehrer folgendes wundervolle Lob, das gleichzeitig Aufmunterung und Ermutigung für mich darstellte:

1) » …Du hast einen großen Schritt im Spirituellen getan; darüber herrscht hier große Freude.«
2) » …zur Zeit hast Du einen guten Stand, und es steht eine erfreuliche Entwicklung in Aussicht.«
3) » …Deine Fähigkeit der Intuition ist sehr gut.«
4) » …Deine Aufgaben sind Helfen und Heilen.«
5) » …Du hast viel Energie; die geistige Welt freut sich über deine positive Lebenseinstellung.«
6) » …Du bist vielseitig begabt und strahlst Wärme aus.«
7) » …sei weiterhin offen, loyal und wahrheitsliebend.«
8) » …Du hältst dein Leben in guter Balance zwischen geistigen und materiellen Belangen.«
9) » …lerne weiter und entwickle Dich!«
10) » …gehe *Deinen* Weg weiter!«

Wenn das kein Grund zur Freude ist!

Aber ich erhielt auch Ermahnungen, direkte Kritik und klare Anweisungen durch meine Freunde im Jenseits:

Stefanie Ponto-Bodner, Medium

1) »…Du kannst schlecht akzeptieren, was Dir nicht gefällt; hab' Geduld und übe Toleranz!«

2) »…achte noch besser darauf, andere Menschen nicht zu bewerten, zu kritisieren oder gar zu kränken!«

3) »…verinnerliche, dass niemand besser ist als der andere, eben nur anders!«

4) »…sei nicht immer so eilig; geh' vor allem den spirituellen Weg langsam!«

5) »…*tue* alles und *betrachte* alles mit Bedacht; Zeit spielt gar keine Rolle!«

6) »…lade Dir nicht so viel von anderen Menschen auf, dann hast Du auch keine Nacken- und Rückenprobleme mehr!«

7) »…steige aus dem Muster *erst die anderen, dann ich* aus!«

8) »…Du solltest mehr meditieren;sei dabei aber nicht wieder so ungeduldig!«

9) »…glaube nicht, Du müsstest in der Lichtarbeit immer mehr arbeiten,sodass immer mehr Termine Dein Leben bestimmen; Qualität hat mehr Wert als Quantität.«

10) »…mach' mehr Pausen …,auch Urlaub; gehe viel in die Natur und hole Dir dort neue Kraft.«

Wenn das kein Grund zum Lernen und Weiterentwickeln ist!

Übrigens:
Entmutigende Durchsagen habe ich noch niemals erhalten, und das liegt ganz sicher nicht an mir, an meiner Persönlichkeit, sondern wiederum ganz allein an dem Geschenk der übergroßen Liebe Gottes für uns Menschen und an dem tiefen Mitgefühl seines unermüdlich tätigen »Personals«!

Geistwesen klopfen nicht nur bei uns an …

Der Bereich des Spuks und der Geistererscheinungen gestaltet sich so vielfältig, dass ich hier nur in knapper Form einiges erwähnen kann und auch nur Beispiele aus dem Bereich anführe, die im Zusammenhang mit meiner Arbeit stehen; ansonsten verweise ich auf die entsprechende Literatur der Parapsychologie und anderer Grenzwissenschaften.

Spektakuläre Hinweise, Vorgänge und Erscheinungsformen, bei denen die geistige Welt mit uns Kontakt aufzunehmen versucht und auch aufnimmt, sind uralt: Propheten, Orakel, Weissagungen, sogenannte Wunder und andere außergewöhnliche Begebenheiten und Erscheinungen hat es zu allen Zeiten gegeben, und vieles davon ist auch in der mystischen Tradition des Christentums zu finden.

Heute sind Bücher und Filme wie »Solange du da bist«, »Weissagungen aus dem Jenseits«, »Ghost (Nachricht von Sam)«, »Hinter dem Horizont« oder »Musik aus dem Jenseits« für uns nur einige der attraktiven (anziehenden) Werke auf diesem Gebiet. Anfangs ist es vielleicht bloße Neugier, oft aber auch ein tiefer Wunsch und ein großes Bedürfnis nach Wissen um die Zusammenhänge zwischen Himmel und Erde, zwischen Geistern und Menschen.

Auf den innigen Wunsch hin und den Ruf »Bitte, melde dich!« an unsere Lieben im Jenseits, melden diese sich manchmal durch Klopfzeichen, flackerndes Licht, Verrücken von leichten Gegenständen oder durch Versuche der Kommunikation als sogenannten Ein-fall, in Träumen, über Tonbandstimmen u.v.a.m..

Außerdem haben auch Seelen, die noch nicht ins Licht gefunden haben, das dringende Bedürfnis, sich bemerkbar zu machen und ihre Daseinsberechtigung vehement darzustellen und zu fordern (s. auch Heike Gade »Ich bin, ich war, ich werde«, a.a.O. Kap.6, S.79)

Vor solchen – meist ungebetenen – Gästen braucht man keine Angst zu haben!

Sie alle sind in irgendeiner Weise Leidende und bedürfen unserer Hilfe. Mit Gebeten und Ritualen für die Heimkehr dieser Seelen ins Licht, in ihr ewiges Zuhause, haben wir bisher bei unserer Arbeit nur Erfolg gehabt, und auch – wenn es scheinbar nicht weiterging und ich schon etwas verzweifelt war (die Wesen können natürlich auch frech, ordinär und anmaßend erscheinen) –,haben uns

GEBET und FÜRBITTE

stets geholfen. Auf jeden Fall wirken Gebet, Mitgefühl und die Aufklärung ihre Situation betreffend besänftigend auf diese Seelen und können sie zu einer Richtungsänderung oder sogar zum Rückzug bzw. zum Weggang bewegen.

Aggression, Zynismus und anderes unkooperatives Verhalten zeigt sich nun aber nicht nur bei den oft verblendeten und niedrigen Geistern aus der anderen Wirklichkeit oder bei längst verstorbenen Menschenseelen, die nicht wissen, dass sie bereits tot sind, sondern es können auch Anteile unserer eigenen Seele sein, die sich uneinsichtig, aggressiv und in unflätiger Sprache bemerkbar machen (hin und wieder hautnah bei der von uns durchgeführten Rückführungsarbeit über das Trancemedium ERIKA zu erleben).

Zur Verdeutlichung vielleicht dazu noch folgendes Beispiel:
Nachdem ich eine Zeit lang Vorträge über die Themen »Verbindung zu Verstorbenen« und »Reinkarnation« gehalten hatte, beschlossen das Medium ERIKA und ich, nach einem Kurzvortrag über das Thema »Wiedergeburt« den Zuhörern die Rückführung eines Klienten in eines seiner vergangenen Leben zu demonstrieren.

Da wir diese Arbeit sonst nur im kleineren privaten Kreis durchführten, stellten sich bei mir bei dem Gedanken, diese Arbeit nun öffentlich und vor fremdem Publikum zu zeigen, einige Bedenken ein: Mir war etwas bange davor,dass eventuell ein nicht so glattes, harmonisches und für alle akzeptables Leben ans Licht kommen könnte.(Aber welches Leben ist schon glatt, harmonisch und für alle akzeptabel?!). Mein Ego lief zur Höchstform auf: Ich wollte mit ERIKA und unserer Arbeit doch einen guten Eindruck machen, gerade bei einem so »frag-würdigen« und keinesfalls selbstverständlichen Thema.

Also suchte ich aus meinem Bekanntenkreis eine höfliche Dame mittleren Alters aus, die mir zum »Vorführen« gerade passend erschien.

*

Die Sitzung beginnt:
Sarah M.(die meinem Vorschlag freudig lächelnd zugestimmt hatte), setzt sich neben das Medium auf einen Stuhl, und ERIKA ergreift ihre Hand. Binnen drei Sekunden fällt das Medium in Trance, und Frau M. nimmt wieder im Publikum Platz.

Ich beginne: »Guten Tag.« Aber an Stelle einer Antwort – wie sonst üblich – keift mich die Seele, die sich in ERIKA eingefunden hat, an: »Was willst du von mir? Hau ab!«

Ich frage weiter, ob sie eventuell jemanden im Raum erkennt, und sie erkennt sich in Frau M., aber: »Von der will ich nichts wissen! Was soll ich überhaupt hier?« Als ich antworten will, fährt der Seelenanteil wütend fort: »Ein Scheißleben habe ich, nur Arbeit, Arbeit, Arbeit …, alles ist ungerecht, …mein Vater ist ein faules Tier, lässt uns alles allein machen …«. Ich versuche, Sarah M. zu beruhigen, aber sie lässt es einfach nicht zu … Schon schwitze ich Blut und Wasser, mein Herz rast, bestimmt habe ich einen hochroten Kopf; im kleineren Rahmen würde ich sicher etwas intensiver und auch eindringlicher mit der Frau reden, aber hier vor Publikum, was soll ich bloß machen?

»Lass' mich zufrieden, hau ab, ich sag' jetzt überhaupt nichts mehr,« winkt die Seele ab und schickt unflätige Flüche durch den Raum.
Endlose Stille ...
So etwas habe ich überhaupt noch nicht erlebt!
Ich sehe verlegen ins Publikum ..., alles gespannte, ernste Gesichter ..., oder grinsen da vielleicht auch einige Leute ganz schadenfroh? (Das Ego lässt grüßen!)
Hilfe! Was soll ich bloß machen? ... Und ich hatte doch alles so gut durchdacht und auf Erfolg ausgerichtet ...,ich fühle mich nicht nur, ich *bin* ganz machtlos ..., wie erstarrt, und alles ist mir ja so peinlich!

Plötzlich ist es, als ob mir von innen oder von oben jemand an den Kopf klopft, richtig anklopft und mich auffordert:
»Bete!«

Wo kommt denn dieser Ein-fall her? Da erst merke ich, dass ich von der geistigen Welt quasi aus meiner Starre geschubst werde: »He, Heike, melde Dich!«

Da falte ich die Hände, und aufgeregt und etwas zittrig, aber ganz tief von innen heraus (innbrünstig, ein wundervoll passendes Wort) bitte ich Christus um Hilfe, und ich bitte laut und vor Publikum darum – und nichts ist mir mehr peinlich! –, dass er ermöglicht, uns ein Leben der Frau S.M. zu zeigen, in dem es ihr besser ergangen ist und sie zum eigenen Wohl und für unsere Arbeit heute Abend offen sein möge für eine normale und vielleicht freundlichere Kommunikation ...
... und Sekunden später meldet sich in ERIKA ein freundliches

10-jähriges Mädchen, das bereitwillig mit mir redet, und wir von einem interessanten Leben um 1736 in Österreich erfahren dürfen. Die Rückführung ist gut und erfolgreich in dem Sinn, dass zum einen Frau M. nun doch noch eine »positive« Seite ihres Wesens gezeigt wird und dass durch die Schilderung dieses zweiten Lebens dem Publikum ein guter Einblick in unsere Arbeit vermittelt werden kann.

Nachdem unser medialer Abend so doch noch erfreulich ausklingen konnte und ich mich von dem Schock erholt hatte, erkannte ich klar das Heilsame in ihm und auch die Lektion, die für mich bestimmt war:

Auch bei dieser Arbeit entscheiden nicht wir, ob und wie sie gelingt (natürlich braucht es generell für mediale und spirituelle Arbeit seriöse und gute Medien, Heiler und Lehrer), aber letztlich sind es immer die wunderbaren Helfer, Engel und andere liebevolle (aber auch energische) Wesen aus der geistigen Welt, die uns in Gottes Auftrag und nach seinem Plan führen, aufmuntern, belehren und eben manchmal auch »zurechtrücken«.

Vielleicht sollten wir Menschen auf der Erde uns viel öfter auf einen solchen Ruf aus der geistigen Welt einstellen, auch mit ihm rechnen …, auf dass es uns gut gehe, wir Erfolg haben, uns freuen und wir erkennen können, dass – wenn alle Wege verstellt sind oder scheinen- nur der Weg nach oben bleibt!

… sie besuchen uns auch manchmal

Wie anfangs schon erwähnt, bin ich befreundet mit dem Medium ERIKA Schulz. Sie ist meiner Ansicht nach ein ganz besonderes Medium, und das nicht, weil sie meine Freundin ist, sondern weil sie eine mediale Fähigkeit besitzt, die man offensichtlich nicht erlernen kann, denn ich kenne kein anderes Medium, das in der Weise arbeitet,wie sie es tut:

Als ERIKA Schulz um 1990 begann, medial zu arbeiten, hatte sie dabei stets das Bedürfnis, die Menschen, die zu ihr kamen und sie um Hilfe baten, auf eine ganz bestimmte Art anzufassen; einen kurzen Moment nach einer solchen körperlichen Verbindung (das Medium ergreift mit ihrer linken Hand von oben her die rechte Hand des Klienten), gelangte Erika dann in den Zustand einer sog. Halb-Trance, d.h. sie befand sich in einem Wach-Schlaf-Zustand, wobei sie das, was durch sie »kam«, wer immer sich durch sie meldete, alles selbst mit anhörte. Stets kam ein vergangenes Leben eines Klienten mit all seiner Problematik ans Licht, und die Lebensgeschichte bzw. die Todesursache so mancher Person hat Erika bis in den Schlaf hinein bewegt und verfolgt. Das war sehr belastend, und Erika fühlte sich oftmals bedrückt und erschöpft.

Damals betete sie viel und bat die geistige Welt darum, in Volltrance gehen zu dürfen, und – GOTT sei Dank – eines Tages fiel sie binnen Sekunden in Volltrance (dies ist bis heute so geblieben), das bedeutet: Erika weiß weder *wer* durch sie spricht noch etwas von dem, *was* durch sie gesprochen wird, und nach dem Aufwachen hat sie ebenfalls keine Erinnerung an das Gesagte und Durchlebte.

Erikas Seele, ihr Geist scheint während des Zustandes der Volltrance den Körper zu verlassen (Menschen, die aurasichtig sind, nehmen ihren Seelenkörper neben oder manchmal auch hinter ihrem materiellen Körper stehend wahr);dafür findet sich ein Seelenanteil eines anderen Menschen (des Klienten eben) aus einem vergangenen Leben in ihr ein, der sich dann über bzw. durch sie mit ihrer Sprache, der Stimme, ihrer Gestik und Mimik mitteilt.

Bei dieser Arbeit ist natürlich eine Begleitung für das Medium notwendig. Seit mehreren Jahren begleite ich ERIKA während der Trance und spreche dann mit der Seele, die sich in ihr eingefunden hat, über die Problematik und den Verlauf des damaligen Lebens, über Erinnerungen und Verbindungen der Seele zum jetzigen Leben, über die Todesursache, den Übergang in die geistige Welt, und wir erfahren bei dieser Arbeit auch viel über das Wunderbare, das uns allen – jedem gemäß – im Jenseits einmal begegnen wird.

Dass zwischen dem Volltrance – Medium und der Begleitperson ein absolutes Vertrauensverhältnis bestehen muss, ist – denke ich – selbstverständlich; ebenso wichtig ist es aber auch, dass man sich als Begleiter(in) stets der großen Verantwortung, die man trägt, bewusst ist, und zwar

1) für das Medium Erika,
2) für den Seelenanteil in Erika,
3) für den Klienten und nicht zuletzt
4) für sich selbst und ganz sicher auch
5) für die Gäste, die bei einer solchen Rückführungsarbeit eventuell anwesend sind.

Seit fast 15 Jahren nun bietet ERIKA ihre besondere Arbeit als Volltrance-Medium bei Rückführungen in vergangene Leben erfolgreich an.[3]

Natürlich hat sie daneben auch andere mediale Begabungen, aber viele Jahre hindurch traute sich das Medium nicht, z.B. Verbindungen zu Verstorbenen herzustellen; stets schwang etwas Angst mit, wovor –, das wusste ERIKA selbst nicht so genau.

Immer wieder haben wir im kleinen vertrauten Kreis diesbezüglich Versuche gestartet, und sämtliche Durchsagen von Verstorbenen, die sich meldeten, waren gut und richtig, die Arbeit wirklich vielverspre-

---

3 Mein Buch »Ich bin, ich war, ich werde« a.a.O. gibt einen kleinen Einblick in diese Rückführungsarbeit

chend; wenn es aber darum ging, dass ERIKA für fremde Menschen eine Botschaft aus der geistigen Welt übermitteln sollte, traute sie sich wieder nicht und verschob alles auf »später«.

Ich habe dieses Verhalten oft verglichen mit meiner Scheu,wenn ich »vor Leuten« auf dem Klavier etwas vorspielen sollte. So, denke ich, wird es auch bei ERIKA einfach nur Lampenfieber gewesen sein!

Im September letzten Jahres nämlich wurde Erika dann von der Seele eines kurz zuvor Verstorbenen regelrecht verfolgt und derart bedrängt, dass sie den Ruf im Sinne von »Hör' mir zu, trau dich endlich und hilf mir, bitte!« von der anderen Seite hören *musste* und auch erhörte und sich – endlich! – als Mittlerin zwischen den Welten zur Verfügung stellte.

Und das kam so:

Am späten Freitag Nachmittag des 1.9.2006 rief mich meine Freundin Bianka Sch. an und teilte mir mit, dass am Mittag desselben Tages ihr Mann Herbert, der schon über eine längere Zeit in einem Pflegeheim zugebracht hatte, verstorben sei.

Obwohl sie damit gerechnet hatte, war es dann doch zu plötzlich geschehen, sodass sie selbst bei seinem Heimgang nicht anwesend sein konnte, und beide keinen rechten Abschied voneinander hatten nehmen können.

Bianka bat mich, am nächsten Tag mit ihr die Formalitäten bei dem Beerdigungsinstitut zu erledigen, und ich sagte zu.

Da meine andere Freundin – besagtes Medium ERIKA – mich am Wochenende besuchen wollte, bat ich diese,aus den genannten Gründen am Samstag erst etwas später anzureisen.

So kam sie gegen 14 Uhr bei mir an, und wir bummelten gemütlich durch die Einkaufsstraßen von Bad Harzburg.

Ich hatte ERIKA gegenüber das traurige Ereignis nur kurz erwähnt und möchte an dieser Stelle auch noch hinzufügen, dass ich selbst Herbert zwar gekannt habe, aber befreundet war ich nur mit seiner Frau, die kannte ich gut, ihn weniger.

In der Nähe des Hauses in Bad Harzburg, in dem Bianka und Herbert eine Ferienwohnung haben, wurde ERIKA unruhig, sagte aber zunächst nichts, bis – etwa 2oo m weiter – sie mich plötzlich bat: »Können wir nicht jetzt zu dir nach Hause gehen und vielleicht dort einen Kaffee trinken?«

Warum nicht? Ich war einverstanden, und ein paar Minuten später saßen wir bei Kaffee und Kuchen auf meinem Balkon.

Ganz unvermittelt setzte Erika plötzlich ihre Tasse ab und fragte mich: »Können wir mal arbeiten?« Ich: »Ja, …aber was denn … und warum gerade jetzt?«

Da brach es förmlich aus ihr heraus, ganz aufgeregt sagte sie: »Ich werde von einem Geistwesen bedrängt. Seit dem Haus da vorne verfolgt mich hier an meiner rechten Seite ein Mann im Jagdanzug, und er ist immer noch da …, der will etwas sagen …, aber ich möchte auch, dass er wieder geht.«

Herbert war Jäger gewesen, das wusste ich – nicht aber Erika! –, und ich hatte ihr auch von Bianka, Herbert und seiner Krankheit bzw. seinem Sterben nichts erzählt.

Ich spürte deutlich, dass die geistige Welt heute besonders heftig bei uns (vielmehr bei ERIKA) anklopfen und sich bemerkbar machen wollte.

So begaben wir uns ins Wohnzimmer, sprachen ein Gebet, baten die geistige Welt um Hilfe, und ERIKA öffnete sich – mehr oder weniger willig – für die Durchsagen von Herbert, der so unnachgiebig den Weg zu ihr gesucht hatte, um sich endlich mitteilen zu können.

Wie bereits erwähnt, kannte ich Herbert nicht gut, konnte also – wie sonst bei solcher Arbeit üblich – weder mit »ja, das stimmt« noch mit »nein, damit kann ich nichts anfangen« auf die Botschaften und Durchsagen reagieren und antworten.

So nahm ich Block und Stift und schrieb alles auf, was Herbert ERIKA übermittelte und was sie über ihre Fähigkeiten des Hellfühlens, Hellsehens und Hellhörens aufnahm und durchgab.

Und alle Fähigkeiten, die ein gutes Medium zur Kontaktaufnahme mit geistigen Wesen benötigt und besitzen muss, waren auf einmal da, kamen ans Licht und gaben Zeugnis von Erikas außerordentlicher Sensitivität.

Meine Notizen (2.9.2006)

Der Mann erscheint jetzt ganz deutlich im Jagdanzug und mit Hut, er weist auf seine Schuhe und schüttelt lächelnd den Kopf. ERIKA fragt ihn: »Wieso,..was ist mit den Schuhen?« Er lächelt wieder ... »die sind zu elegant und passen nicht zu meiner Kleidung, ...dazu gehört robustes Schuhwerk.«

    – *Bianka berichtet uns später, dass sie ihrem Mann keine Schuhe angezogen hat, auch beim Beerdigungsinstitut verneint man auf Anfrage. So gehen wir stark davon aus, dass das Personal im Pflegeheim, das beim Ankleiden des Verstorbenen geholfen, ihm für seinen letzten Gang noch ein Paar normale Schuhe angezogen hat.*

*

Er hält eine Hundeleine in der Hand, – aber ein Hund ist nicht zu sehen.Jetzt setzt er eine Pfeife (Trillerpfeife) an den Mund, pfeift aber nicht.

    – *Bianka erzählt mir später, dass ihr Hund vor zwei Jahren gestorben sei und dass Herbert natürlich stets eine sog. Hundepfeife bei sich trug.*

*

Er sagt: »Es geht mir gut, aber alles ging zu schnell, ich hätte gern noch etwas gesagt und richtig Abschied genommen.«Auf meine Frage, ob ich das wohl seiner Frau Bianka sagen soll, unterbricht er mich und sagt: »Nicht jetzt, noch nicht, später.«

*

Er übermittelt ERIKA, dass er nur vorwärts schauen kann und das Gefühl hat, dass hinter ihm ein großer Engel steht, der ihm nicht ermöglicht zurückzuschauen.

Vor sich sieht er eine wackelige Brücke (Hängebrücke?), dahinter strahlt viel wunderbares Licht. Dieses Licht vermittelt ihm ein großes Glücksgefühl.

Etwas Angst beschleicht ihn bei dem Gedanken, die Brücke – später – überqueren zu müssen, um zu dem Licht zu gelangen.

Er nimmt sich vor, die Brücke,wenn es soweit sein wird,schnell zu überlaufen, ...»und das wird sein wie eine *Umwandlung*.«

*

Er hält zwei Fasane in Händen, schwingt die Arme auf und nieder, und die Fasane fliegen hoch. ERIKA übermittelt er,» ...dass jetzt alles leicht geht und alles auch ganz leicht zu bekommen ist.«

*

Das »Brimborium« für ihn (ERIKA kennt das Wort gar nicht und kann es kaum aussprechen) gefällt ihm nicht.

Ich frage vorsichtig:» ... die Beerdigung?«

Er:»Nein, vorher.«

Mir fällt ein, dass meine Freundin Bianka für ihren Mann ein Requiem vorgesehen hat; ja, das wird er gemeint haben, aber sofort – ohne dass ich meine Gedanken ausgesprochen habe- setzt er hinzu» ...aber es soll sein; alles muss seine Richtigkeit haben.«

Erika spürt einen peniblen Wesenszug an ihm.

– *Sowohl das Wort »Brimborium« als zu Herberts Wortschatz gehörend als auch das äußerst Korrekte in seinem Wesen bestätigt uns Bianka später*

ERIKA empfängt eine Melodie …, es ist die Melodie von »Ich hatt'
einen Kameraden«. (Ich werde auf Herberts Beerdigung erfahren, ob
die angesagten Bläser dieses Lied an seinem Grab spielen werden)
–   *Am Grab wird »Das letzte Hallali« geblasen, wie wohl bei Jägern
    üblich, aber von Bianka erfahre ich später, dass »Ich hatt' einen
    Kameraden« eines von Herberts Lieblingsliedern war.*

*

Er hält einen Strauß Gerbera (in verschiedenen Rottönen) in der Hand,
äußert sich aber nicht dazu.

*

ERIKA nimmt einen Teich mit Fischen wahr.
–   *Bianka bestätigt später, dass sie auf ihrem Jagdgelände mit Her-
    bert und dem Hund viele Gänge um den Teich herum gemacht
    haben.*

Dann riecht ERIKA einen frisch-herben Duft (vielleicht Rasierwasser
o.ä.?).
–   *Später stellt sich heraus, dass Bianka am Ende von Herberts Hier-
    sein regelmäßig sein Zimmer im Pflegeheim mit Zitronenduft er-
    frischte.*

*

Ganz allmählich umhüllt Nebel Herberts Erscheinung.

Auf mein Angebot, er könne sich ja gern nach der »Feier für ihn«
noch einmal bei bzw. durch ERIKA melden, lächelt er verschmitzt
» …wer weiß..«

– *Bianka später:«Ja, das ist typisch sein »Grinsen«, das passt.«*

Herbert wirkt sehr zufrieden, wird dann allmählich immer intensiver vom Nebel umfangen, …schließlich ist er nicht mehr sichtbar.

Bei einer späteren Sitzung mit ERIKA und Bianka hat sich Herbert dann wirklich noch einmal gemeldet und viel Liebe an seine Frau übermittelt.

Außerdem gab er Bianka wichtige Hinweise zu verschiedenen Maßnahmen, die sie bezüglich des Jagdreviers und der darauf befindlichen Hütte durchführen möge. Die Sache lag ihm sehr am Herzen, und er übermittelte, wenn das erledigt sei, könne er in Ruhe gehen.

Inzwischen ist alles »Weltliche« geklärt. Wir denken oft an Herbert und danken ihm und den Engeln für den »Schubs«, der für ERIKA so wichtig war, um die wundervolle Arbeit der Verbindung zu Verstorbenen aufzunehmen; und dies tut sie inzwischen mit viel Liebe und Erfolg.

Ich selbst habe auf einem Seminar im November 2006 durch eine mir gänzlich unbekannte Person bei medialen Übungen noch einmal Kontakt zu Herbert Sch. bekommen: Ein Teilnehmer ergriff bei einer Übung meine Hände und sagte nach einigen Minuten der Stille: »Ich nehme einen Mann im Jagdanzug … mit Hut wahr. Er hat einen Hund dabei.« Also war Herbert inzwischen »drüben«, wo der Hund, der, wie mir Bianka sagte, 2004 verstorben war, bereits auf ihn gewartet hatte.

Herbert ermunterte mich, ich solle schreiben und veröffentlichen, aber dabei nicht – wie bisher – ausschließlich über andere schreiben, sondern meine eigenen Erfahrungen schildern.

Der kommende Frühling sei eine gute Zeit, damit zu beginnen.

Gen Ende der Übung wurde Herberts Botschaft an mich vehementer: »Los nun, fang an!«, übermittelte er durch mein Gegenüber.

So habe ich begonnen, ein neues (dieses!) Buch zu schreiben, und zwar in der Weise, dass ich von vielen eigenen Erfahrungen berichte und den spirituellen Gesichtspunkt des Erlebten versuche zu verdeutlichen.

Herbert hat also von der anderen Seite aus – neben der übermittelten Liebe zu seiner Frau – sowohl ERIKA als auch mir auf unserem Weg ein ganz wichtiges Stück weitergeholfen.
Danke dafür, lieber Herbert!

P.S.
Bianka Sch. ist katholisch, glaubte vorher – wie von ihrer Kirche vermittelt – zwar auch an »die Auferstehung der Toten« und »das ewige Leben«, nun aber weiß sie, dass die Seele des Menschen im Jenseits wirklich weiterexistiert und lebt und hat die Erfahrung gemacht, dass es möglich ist, mit hinübergegangenen lieben Menschen über ein Medium Kontakt aufzunehmen.

Sie durfte erkennen, dass Herbert lebt und dass es ihm in der anderen Wirklichkeit gut geht.

Bianka hat fast alle Angaben, die ERIKA als Durchsagen und Botschaften erhielt,bestätigt, uns einiges Unverständliche erläutert und war und ist mit allem einverstanden und im Einklang,sodass sie für die Veröffentlichung dieser sehr persönlichen Erfahrungen mir sofort ihr Einverständnis gegeben hat.

Danke, liebe Bianka!

Ich bin sicher, dass ein trauernder Mensch durch solche Möglichkeiten seinen Glauben um eine wertvolle Facette erweitern und bereichern kann und innerhalb dieser größeren Dimension viel Trost in seiner Trauer bekommt und sein Gottvertrauen gestärkt wird.

Das Tor zum Jenseits steht immer offen

So hat ERIKA durch Herberts Hartnäckigkeit den Schlüssel auch zu diesem besonderen Tor zum Jenseits gefunden.

Seither übermittelt sie in Einzelsitzungen den Klienten Botschaften des Trostes von ihren Lieben in der geistigen Welt und kann durch diese Art der medialen Arbeit vielen Menschen wichtige Lebenshilfen geben.

Nachrichten und Botschaften für Julia M.und Margarete K.

Die junge Frau Julia M.erscheint zu einer Sitzung bei ERIKA und würde so gern Kontakt zu ihrem vor etwa fünf Jahren plötzlich verstorbenen Vater bekommen, den sie sehr geliebt hat.

Die Sitzung beginnt:

Es meldet sich ein kleiner Junge … (Julia denkt an ihren schon vor sehr langer Zeit verstorbenen kleinen Bruder).

Um den handelt es sich aber nicht.Nein, dieses ganz kleine Kind hat *direkt* mit Julia zu tun! – Die junge Frau ist sehr betroffen und nachdenklich …

Vor elf Jahren wurde sie schwanger und war darüber sehr erfreut. Im dritten Monat der Schwangerschaft jedoch stellten sich plötzlich heftige Blutungen ein, und Julia befürchtete schon, ihr Kind zu verlieren.

Aber in ihr wuchs ein gesundes Kind, ein Junge heran, der dann pünktlich und komplikationslos zur Welt kam.

Auf ihre Nachfrage bei den Ärzten, was das wohl im dritten Monat für eine Zäsur in ihrer Schwangerschaft gewesen sei, erhielt sie später den vagen Hinweis, es habe sich damals offensichtlich um einen zweieiigen Zwilling gehandelt, der wohl nicht ausreichend entwickelt war und sich dann als Fehlgeburt in einem Abgang aus ihrem Leib verabschiedet habe.

Julia hat später nie mehr darüber nachgedacht, sich an ihrem gesunden Jungen erfreut und über diese Angelegenheit auch kein Wort mehr verloren.

Heute nun in der Sitzung meldet sich genau diese Seele bei ihrer Mama und schickt ihr viel Liebe.

Julia ist zunächst sprachlos, dann aber freut sie sich darüber, dass es damals offensichtlich bereits ein richtiges Wesen war, das auch heute noch in der geistigen Welt lebt!

Spontan gibt sie dem Kind den Namen Alexander, und wir empfehlen der Mutter, mit ihrem Sohn Alexander zu reden und ihn in ihr Leben zu integrieren.

Mit dem Vorsatz, in Abständen eine Kerze für ihren Sohn anzuzünden und eine intensivere Verbindung mit ihm aufzunehmen, verabschiedet sich Julia – sehr glücklich und gar nicht enttäuscht oder geknickt darüber, das es nicht ihr Vater war, der zu ihr Kontakt aufnehmen wollte, so, wie sie es sich eigentlich zu Beginn der Sitzung gewünscht hatte.

Die geistige Welt weiß eben, *wann* und *was* gut und richtig für jeden von uns ist:

»Euer Vater weiß, was ihr braucht, noch ehe ihr ihn bittet.«(Matthäus 6,Vers 8)

Kurze Zeit später meldet sich Julias Mutter, Frau Margarete K., zu einer Sitzung bei ERIKA an. Natürlich wünscht auch sie sich möglichst ein »Zeichen« von ihrem geliebten Mann, mit dem sie 38 Jahre lang glücklich verheiratet war.

Die Sitzung beginnt:

Es erscheint eine kleine alte Frau; sie ist dunkel gekleidet, trägt aber ein buntes Kopftuch. Neben ihr erscheinen anfangs noch mehrere andere Gesichter, aber diese Frau setzt sich in ERIKAs Wahrnehmung durch.

Sie sieht die alte Frau auf einem Rübenacker schwer arbeiten, bevor sie die geernteten Früchte in schweren Zinkeimern zu einem Wagen trägt.

»O ja, das ist meine Mutter«, bestätigt Frau K. nachdenklich.

Die alte Dame wirkt sehr traurig und entschuldigt sich bei ihrer Tochter: »Ich habe mich zu wenig um euch Kinder kümmern können ..., das tut mir so Leid.«

Frau K. winkt behutsam ab ... »bei der vielen Arbeit, ...das versteh' ich doch.«

Da zeigt und überreicht die Mutter ihrer Tochter symbolisch einen Rosenquarz (Liebe).

Nun sieht ERIKA einen jungen Mann neben der alten Frau stehen ..., *deren* Sohn.

»Ja, mein Bruder ist mit 31 Jahren verstorben, das stimmt.« Mutter und Sohn

leben in Liebe zusammen in der geistigen Welt. Frau K. ist sehr angerührt: »Werner war schon immer Mutters Lieblingskind, dass sie jetzt beieinander sind ...,schön.«

Die Mutter zeigt Margarete K. ein Feld voller Rosen (Liebe) und eines voller Astern.

»Astern waren die Lieblingsblumen meiner Mutter!,« bestätigt Frau K..

Noch eine weitere Botschaft kommt durch ERIKA: »Nimm ein Bild von mir und eines von deinem Bruder Werner und stecke sie zusammen in einen Rahmen.«

Und vor diese »Fotomontage« möge sie einen (den!) Rosenquarz legen, somit wären alle drei in Liebe miteinander verbunden.

Langsam ziehen sich Mutter und Bruder zurück, wobei die alte Dame ihrer Tochter freudig mit ihrem Kopftuch nachwinkt.

Frau Margarete K. ist dankbar und glücklich darüber, dass sich ihre Mutter bei ihr gemeldet hat. Darüberhinaus ist sie sehr erleichtert, dass ihre Mutter ihr keine Vorwürfe gemacht hat dahingehend, dass sie die letzte Zeit in einem Pflegeheim verbringen musste.Frau K. meint nämlich, sie selbst hätte sich am Ende des Lebens ihrer Mutter doch intensiver um diese kümmern sollen.

Aber alles ist gut, Schuldgefühle nicht angebracht und so endlich zum Loslassen freigegeben.

Hier wird sehr deutlich, wie wir uns selbst oft mit unseren Schuldgefühlen das Leben schwer machen können, sogar noch über den Tod hinaus.

Bevor ERIKA wieder ganz im »Hier und Jetzt« ist, sieht sie noch einen großen Holztisch, darauf liegt ein riesiger Laib Brot.

Frau K. bestätigt: »Ja, daran haben wir oft gesessen und ordentlich gefuttert. An die großen Brote kann ich mich gut erinnern …, und mein Bruder, eben der, der schon gestorben ist, bekam stets einen ganzen Laib Brot für sich allein … … … ja,ja, Mutter und er, ihr Liebling, …beide zusammen, das passt!«

Nach mehreren Monaten meldet sich noch einmal Julia, die Tochter von Frau Margarete K.. Ihr ist es inzwischen sehr gut ergangen; sie ist offen, fühlt sich frei und erwartet bei ihrer zweiten Sitzung kein bestimmtes Geistwesen. Sie hat losgelassen: »Alles soll so sein, wie's von oben gewünscht wird.«

Und wer erscheint, wer meldet sich?

Zunächst sieht ERIKA ganz viel Licht, dann tritt aus dem Licht eine männliche Gestalt heraus, sie ist ca 50 bis 60 Jahre alt und sehr gut aussehend.

Der Mann zeigt sich in einem weißen Hemd und blitzblank geputzten Schuhen ... »Das ist mein Vater!«, jubelt Julia überglücklich.

Er zeigt seiner Tochter drei rote Herzen. ERIKA spürt nach ... ...

»ein Herz ist für dich, Julia, das andere für deinen Bruder, der wohl noch lebt (Julia nickt),

und das dritte ist für deinen Bruder Werner in der geistigen Welt.«

Viel Liebe kommt bei ERIKA an, und sie übermittelt das Gefühl weiter an Julia.

Sehr traurig ist der Vater darüber, dass er mit 63 Jahren »zu früh« hat gehen müssen. Er hätte der Familie noch so gern geholfen, die z. Zt. schwierigen Verhältnisse im Betrieb zu klären und zu verbessern. Der Zusammenhalt der Familie ist ihm äußerst wichtig, und für die Sanierung der Firma solle auf keinen Fall das Haus – ERIKA sieht eine hübsche Finca am Meer – verkauft werden.

Julia kann alle Durchsagen verstehen und ist dankbar für diesen besonderen Hinweis, denn sie stand schon kurz davor, das Haus für den Betrieb zu »opfern«.

»Danke, Papa!«

Viel Liebe kommt herüber, und ERIKA hat das Gefühl, dass eine besonders innige Beziehung zwischen Vater und Tochter bestanden haben muss. (Julia strahlt und nickt). Dann gibt der Vater Julia symbolisch einen Ring mit der Bitte, sie möge ihn – wiederum symbolisch – seiner Frau übergeben mit den Worten: »Du warst und bist Papas große Liebe.«

Wir alle kämpfen mit den Tränen, müssen uns schneuzen ob dieser zu Herzen gehenden Zeremonie.

Zu guter Letzt wendet sich Herr K. noch einmal an seine Tochter mit der frohen Botschaft: »Julia, Dein Leben wird Sonne sein!«

ERIKA sieht jetzt den Vater hinter Julia stehen, und der bittet das Medium aufzustehen und seine Tochter – stellvertretend für ihn – mit einem Zeichen des Kreuzes auf der Stirn zu segnen.

Nachdem ERIKA seiner Bitte nachgekommen ist, sieht sie, wie er sich lächelnd in das wunderschöne Licht zurückzieht, aus dem heraus er anfangs auch kam.

Nachrichten und Botschaften für Ingrid R.

Anfang diesen Jahres kam eine Frau zu einer Sitzung, die seit fast 10 Jahren ihren schwerkranken Ehemann pflegt und betreut.

Ingrid ist zierlich und wirkt äußerlich etwas zerbrechlich, aber sie strahlt auch viel Energie und – trotz allem – Lebensfreude aus.

So gerne möchte sie Kontakt zu ihrer vor vielen Jahren verstorbenen Mutter bekommen.

Die Sitzung beginnt:

ERIKA spürt eine weibliche Energie, ca. 60 bis 70 Jahre alt, beschreibt andeutungsweise das Äußere der alten Dame, aber Ingrid – ganz auf ihre Mutter »fixiert« – schaut äußerst unglücklich. Wer aber könnte es sonst sein? Ingrid zuckt die Schultern, und ich merke ihr an, dass sie in ihrem Herzen für niemand anderen einen Platz freihalten will als für ihre Mutter. …lähmende Stille …

Plötzlich kommt es durch ERIKA sehr vehement: »Es ist nun gut, ich bin die Oma!« Das Medium spürt ein äußerst energisches Wesen, das offensichtlich »alles unter seiner Fuchtel« hat.

Ingrid bestätigt: »Ja, so war sie, immer nach dem Motto *was auf den Tisch kommt, wird gegessen!* Nach außen hin war sie unheimlich resolut, aber im Herzen wohl doch auch weich.«

Etwas zögerlich zwar lässt sich Ingrid jetzt aber doch auf die Verbindung mit ihrer Oma ein.

Da übermittelt die alte Dame ihrer Enkelin durch ERIKA: »Liebes Kind, du bist zu weich, und du gibst viel zu viel von dir an alle anderen ab; pass auf, dass du nicht eines Tages *nackt* dastehst!« Ingrid beteuert, dass sie aber gerne Geschenke macht und Freude bereitet, ihre Familie außerordentlich liebt und auch ihrem Mann sehr gerne hilft und ...

»...aber pass auf dein Herz auf!«, unterbricht die Großmutter.

Dann berichtet die Oma, dass es ihr in der geistigen Welt gut geht, sie anfangs dort auch versucht habe, die anderen zu beherrschen, aber schmerzlich habe lernen müssen sich unterzuordnen. Jetzt hätte sie's aber geschafft und lebe seitdem in rosa Licht.

Auf Ingrids Wunsch hin fragen wir Oma nach dem Befinden ihrer Tochter (Ingrids Mutter) auf der anderen Seite. – Die Großmutter kann ihreTochter wohl sehen, die aber scheint noch immer ziemlich traurig darüber zu sein, dass sie von ihrer Mutter (Ingrids Oma also) zu wenig Liebe erhalten hat, diese Gefühle und Gedanken jedenfalls werden dem Medium ERIKA deutlich übermittelt.

»Ich sehe das ja jetzt ein, und es tut mir auch Leid,« wendet die alte Dame betrübt ein. Sie bittet Ingrid über das Medium ERIKA, einen kleinen Rosenquarz auf das Grab ihrer Tochter (Ingrids Mutter) zu legen.

Dann sagt Oma noch: »Ich sehe für dich hier viel goldenes Licht.«

Ingrid strahlt. Sie möchte sich am liebsten gleich dorthin begeben, aber die Oma wehrt streng ab: »Noch nicht! Das goldene Licht ist dir sicher, aber du hast noch eine Aufgabe zu erfüllen ..., lerne die UMARMUNG!«

Als Ingrid noch etwas über ihre Hunde – sowohl mehrere in der geistigen Welt als auch noch einige auf der Erde – wissen möchte, unterbricht die Großmutter wieder ziemlich barsch und sagt: »Es reicht ein Hund; wenn jeder Mensch ein Tier hat und betreut, das reicht!« ... und dann ganz unvermittelt: »Schluss jetzt mit der Gefühlsduselei!«

Ingrid nickt: »Ja, das ist meine Oma ..., bloß keine Gefühle zeigen ...«,lächelt sie, bedankt sich und nimmt sich vor, gleich nach der

Sitzung einen Rosenquarz zu kaufen und zum Grab ihrer Mutter zu bringen. Die Sehnsucht nach ihrer Mama ist sehr groß und noch viel deutlicher zu spüren als vor der Sitzung.

Und so bittet uns Ingrid fünf Monate später noch ein weiteres Mal um eine Sitzung.

Ihrem Mann geht es inzwischen viel schlechter, und es ist absehbar, dass er nicht mehr allzu lange hier auf der Erde wird leben können.

Ingrid wirkt körperlich ziemlich erschöpft, ist andererseits mental aber sehr positiv und stark.

Natürlich hegt sie wiederum den Wunsch, mit ihrer Mutter in Kontakt zu kommen.So hat sie diesmal auch ein Bild von ihrer Mutter dabei.Ob es nicht vielleicht doch ginge und möglich wäre … zu versuchen … …

Wir beten und bitten die geistige Welt um Hilfe, und ERIKA ist bereit und bemüht, mit ihren Händen sowohl das Bild als auch Ingrids Hände zu umfassen, um so eine Verbindung herzustellen.

Wir sind gespannt und warten … … …

»Mein liebes Kind, der Acker ist noch nicht bestellt«, meldet sich tatsächlich Ingrids Mutter. »Alles ist vorbereitet …« ERIKA sieht einen mit Blumen geschmückten Sarg für Ingrids Mann Werner, » …und ich werde bei seiner Beerdigung schon dabei sein.«

Die Mutter, sie heißt Gertrud, berichtet dann, dass es ihr im Jenseits sehr gut geht: »Ich bin frei, habe keine Not und keine Schmerzen, fühle mich wohl … wie ein Schmetterling … so leicht.«

Durch ERIKA übermittelt sie weiter, dass sie da sein wird, um Ingrids Mann Werner willkommen zu heißen, wenn er in die andere Wirklichkeit hinüber wechselt.

Dies ist ein großer Trost für Ingrid, und sie wird diese Nachricht ihrem Mann gleich überbringen, wenn sie heimkommt.

»Mein Dank aber gilt auch dir, liebe Ingrid,« fährt die Mutter fort und überreicht ihrer Tochter symbolisch einen Strauß gelber Blumen mit dem Hinweis, sie möge doch bitte mitten in den Strauß hinein einen schönen kunstvoll gefertigten Zitronenfalter hineinstecken.

Das Medium fühlt starke Energien von Liebe und Leichtigkeit. Auch empfindet ERIKA, dass die Seele der Mutter weit entwickelt sein muss, denn die Schwingungen sind sehr hoch.

Mutter Gertrud lässt ihrer Tochter noch folgendes ausrichten:
»Ich stehe dir immer zur Seite und helfe dir, wenn du mich darum bittest und mich fragst.«
»Liebes Kind, denke daran: Lebe *dein* Leben!«

Dann sieht ERIKA, wie die Mutter ein kleines Kind in ihren Armen wiegt, und das Medium folgt dem Impuls, den sie von oben erhält, Ingrid real ganz fest in die Arme zu schließen – stellvertretend für ihre Mama.

Und endlich, endlich fließen die Tränen …, Ingrids Herz ist berührt von der Liebe ihrer Mutter, sie atmet tief durch, kann endlich loslassen, wird innerlich frei, und ihre Augen strahlen freudig durch den Tränenschleier hindurch.

So können Tränen manchmal auch wie Perlen sein …

Inzwischen wurde Ingrids Ehemann ein Bein amputiert, dreimal wöchentlich muss Werner an die Dialyse, und da das Ehepaar offen und selbstverständlich übers Sterben, über den Tod und das Leben danach sprechen können und sich austauschen, kommt es immer häufiger vor, dass der kranke Mann sich auf seine letzte Reise richtig freut.

Besonders dankbar ist er darüber, dass ihn seine Schwiegermutter – zu der er doch oft ziemlich grantig war, wie er jetzt selbst zugeben kann – liebevoll empfangen will und wird.

Und es bewahrheitet sich wieder einmal:

Verzeihen (auch sich selbst!) und *Loslassen* sind das A und O in unserem Dasein – unten wie oben!

ERIKA und ich haben inzwischen bemerkt und deutlich gespürt, dass Ingrid selbst auch sehr medial ist, und als ich sie kürzlich beim Einkaufen in der Stadt traf, erzählte sie mir überglücklich, dass sie – während einer Meditation zu Hause in ihrem Wohnzimmer – plötzlich sah, wie sich eine leuchtende Wand vor ihren Wohnzimmerschrank schob, so als wäre dies die Fläche eines Bildes, und dann sah sie darauf ein großes, wunderschönes weißes Haus mit hohen Sprossenfenstern und einem breiten weißen Tor; alles wirkte sehr leicht und filigran, zartgrünes Efeu rangte sich am Portal empor.

Es war ein wunderschönes Bild, und dann erblickte Ingrid im Eingang ihre Mutter. Sie stand dort erwartungsvoll, gekleidet in ein langes weißes Gewand, und um ihren Hals trug sie eine bunte Blumenkette, so wie man sie z.B. auf Hawaii zur freundlichen Begrüßung umgehängt bekommt.

Ingrid ist unendlich glücklich und dankbar, und Werner wartet täglich sehnsüchtig auf die Himmelsleiter, über die er in sein ewiges Zuhause gelangen möchte und auch gelangen wird.

Licht, Liebe und Frieden für Ingrid, Werner und Gertrud!

Zwischentöne

Vielleicht fragen sich einige Leser inzwischen, ob man als Klient an ein Weiterleben nach dem Tod glauben muss und ob es Bedingung ist, dass man für eine erfolgreiche Sitzung wirklich offen ist für die Durchsagen von »oben«.

Können solche Botschaften, Mitteilungen und Beschreibungen von Verstorbenen auch gelingen, wenn man an all' dies nicht glaubt?

Eindeutig: JA. Eine solche Sitzung wäre dann zwar nicht besonders sinnvoll, aber es funktioniert auch dann, wie folgender Witz, den das Medium Paul Meek in ähnlicher Weise schon so manches Mal erzählt hat, in gleichermaßen ernsthafter wie humorvoller Weise verdeutlicht:

»Die Lektion«

Ein Mann wird von seiner Ehefrau überredet, ein betagtes Medium aufzusuchen, um sich von dessen Fähigkeit, von der sie sich selbst schon oft hat überzeugen können (vgl. »Trefferquote«) vielleicht selbst überzeugen zu lassen.

Der Mann weigert sich zunächst, weil er an derartigen »Hokuspokus« nicht glaubt, ist aber schließlich von dem ständigen Drängen seiner Frau so genervt, dass er sich eines Tages zu einer Sitzung bei der alten Dame anmeldet.

Schon bei der Begrüßung äußert er seine Skepsis in dieser Sache, aber – so sagt er – nur um seiner Frau den Gefallen zu tun, will er sich den »Zauber« mal ansehen.

Das Medium konzentriert sich auf eine Verbindung zur geistigen Welt und sagt nach einer kurzen Weile: »Ich sehe einen kleinen Jungen, er hat rote Haare, heißt Tommy und hat früher neben Ihnen auf der Schulbank gesessen.«

Der Mann ist baff: »Das stimmt«, krächzt er verlegen.

Und weiter: »..nun sehe ich eine junge hübsche Dame,sie hat lange blonde Haare …,ihr Name ist Betty, und sie war ihre erste große Liebe und ist mit 21 Jahren durch einen Unfall ums Leben gekommen.«

Der Mann schluckt: »Ja, das stimmt auch«.Er ist äußerst erstaunt und überrascht und fragt sich: »Wie kann die Alte das bloß alles wissen?!«

Dann kommt ihm die Idee, eine ganz persönliche Frage zu stellen, um das Medium zu testen …, »denn irgendwo muss dabei doch ein Haken sein …«

»Nur zu,« ermuntert ihn die alte Dame lächelnd.

»Ich spiele so gerne Fußball,« beginnt der Mann und fragt dann: »Gibt es denn oben auch derartige Spiele?«

Nach einigen Minuten der »Meditation« antwortet das Medium: »Ja, es gibt dort Fußballspiele …, und ich habe eine erfreuliche Mitteilung für Sie: Sie stehen schon auf der Liste …, und in vier bis fünf Wochen spielen Sie mit!«

Normalerweise kommen aber nur Menschen zu den Sitzungen, die wirklichen Leidensdruck haben, um ihre Lieben von Herzen trauern und sich nach ihnen sehnen; andererseits ist es natürlich für die eigene seelische Weiterentwicklung eines jeden Menschen – sozusagen ohne akuten Anlass – auch gut und richtig, einmal ein Medium aufzusuchen, um zu erfahren, wer aus der geistigen Welt sich an uns liebevoll erinnert, uns Hilfestellung anbieten und uns seine Nähe und Liebe übermitteln möchte.

Für diese ernsthaften Anliegen ist es schon Voraussetzung, dass man offen und ehrlich ist und auf die Mitteilungen, Durchsagen und Beschreibungen des Mediums wahrheitsgemäß antwortet.

Tut man dies nicht, sondern gibt dem Medium bewußt eine falsche Rückmeldung – sei es aus Angst, Feigheit oder auch aus Unaufrichtigkeit – wird logischerweise vieles im Kontakt blockiert, das Medium wird eventuell unsicher und kann ganz den »Faden« verlieren.

Erfahrene und sichere Medien gehen über die in solchen Situationen entstehenden Blockaden hinweg: Sie sind in der Sache und sich in ihrer langjährigen Arbeit inzwischen so sicher, dass sie – dies habe ich hin und wieder bei öffentlichen Veranstaltungen vor großen Publikum mit Paul Meek erlebt – der betreffenden Person klar und ermutigend sagen können: »Das ist so, glaube mir, und nimm die Liebe an!«

Oftmals stellt sich nämlich *nach* einer Sitzung bzw. *nach* einer solchen Botschaft in der Öffentlichkeit heraus, dass sogar bis in kleinste Andeutungen alles stimmte; und häufig geben die betreffenden Klienten – manchmal erst nach mehreren Wochen – die freudige Rückmeldung: »Alles hat sich so bewahrheitet, wie es gesagt wurde; ich habe zu Hause nachgefragt und nachgeforscht, und es ist unglaublich, denn alles ist wahr!«

Botschaft für Peter L.

Im folgenden Beispiel waren es weniger Skepsis und Ablehnung als offensichtlich eher Scham und eine gewisse (männliche) Eitelkeit des Klienten, welche die Botschaft für ihn aus der geistigen Welt in erheblicher Weise blockierten.

Auf jeden Fall waren Sender (Geistwesen) und Radio (Medium) optimal eingestellt, der Empfänger (Klient) jedoch nicht wirklich bereit zu hören und auf- bzw. anzunehmen.

(Was nützt da z.B. das schönste Mozart-Konzert, von Tonträgern in bester Qualität übermittelt, wenn der Hörer lieber umschaltet oder sogar ganz abschaltet).

Ich hatte Peter L. in der Zeit seiner großen Trauer um seine vor etwa drei Jahren verstorbenen Frau in mehreren Gesprächen schon mein Ohr geliehen, ihn sozusagen ein Stück seines Weges begleitet und lud ihn dann eines Tages ein, doch einmal an einer unserer Sitzungen teilzunehmen, und Peter sagte zu.

Es waren noch drei weitere Klientinnen aus einer anderen Stadt anwesend, und nach der Beendigung ihrer Sitzungen waren die mit den Durchsagen von ihren Lieben aus der geistigen Welt durchaus zufrieden und getröstet.

Etwas zögerlich und gleichzeitig doch sehr nach Hilfe und Trost Ausschau haltend, traute sich Peter schließlich auch und hoffte auf eine Verbindung zu seiner verstorbenen Frau.

ERIKA hat bereits bei Peters Eintreten in den Raum eine helle weibliche Gestalt dicht neben ihm wahrgenommen. Das Medium entspannt sich und stimmt sich energetisch sogleich auf die geistige Welt ein.

Schon bald verschwimmen die Grenzen zwischen Jenseits und Diesseits, und Gefühle und Gedanken der jungen Frau – sie heißt Eva-Maria und erscheint etwa vierzigjährig – dringen in ERIKAs Schwingungsfeld ein.

Obwohl allen übrigen Anwesenden bereits ziemlich klar ist, dass es sich bei der Dame um Peters Frau handeln muss, zögert dieser, bestätigt nichts und sitzt da – wie gelähmt.

Zunächst übermittelt die ganz in Weiß »gekleidete« Dame eine angenehme Urlaubsstimmung des Ehepaares ... ..., Peter sagt nichts.

Dann sieht ERIKA ein großes schwarzes Loch, und Gefühle von Erschrockenheit und großer Trauer schwingen sich ein.

Vor ERIKAs geistigem Auge erscheint in Großbuchstaben das Wort:

TODESURTEIL

Wir schauen Peter bestürzt und fragend zugleich an, und da erst nickt er zögernd und bestätigt mit erstickter Stimme: »Ja, das stimmt, im Urlaub haben wir von Evas unheilheilbarer Krebskrankheit erfahren …, das war ganz furchtbar.«

Wir alle sind sehr betroffen, und eine Zeit lang sagt niemand etwas.

Dann aber meldet sich Peters Frau wieder und deutet Peter eine Sache an, die leider zwischen ihnen wohl nicht an- bzw. ausgesprochen und somit auch nicht geklärt worden ist, bevor sie ging.

ERIKA teilt mit, dass es mit einer anderen Frau zu tun habe …, eine andere Frau spiele eine Rolle …

Vehement schüttelt Peter den Kopf: »Nein, nein, das kann nicht sein!«

Seine Frau Eva-Maria zeigt ERIKA eine riesige Menge Teig mit der Aufforderung oder dem Hinweis, dass eben alles da sei für Peter, um sich etwas Neues in seinem Leben, vielleicht sogar ein ganz neues Leben zu »backen«, ein äußerst humorvoller Vorschlag!

Peter zuckt verächtlich mit den Schultern; wir anwesenden Frauen schauen uns gegenseitig an … und ahnen bereits …

Ich frage Peter vorsichtig, ob es vielleicht eine Verbindung zu irgendeiner Frau, die ihm wichtig war oder ist, gäbe – außer seiner Eva-Maria.

»Nein, wo denkt ihr hin, nein. Ich habe meine Frau geliebt, da gab es nur sie!«

Peter echauffiert sich, und ich beruhige ihn: »Das muss keine Person sein, in die du heimlich verliebt warst, das kann ja auch einfach nur eine Person sein, die dir nahe stand, z. B. eine Ärztin, die während der Krankheits- und Sterbephase deiner Frau für euch beide oder für dich eine Rolle gespielt hat.«

»Nein, nein, da gab es keine andere Frau, auch keine Ärztin, das alles passt nicht!«

Auf einmal zeigt Eva-Maria ERIKA einen großen Scherbenhaufen.

Ich spüre deutlich, dass wir jetzt Hilfe aus der geistigen Welt benötigen, spreche ein Gebet und bitte um eine Aufklärung der Situation und um Ordnung der Gefühle.

»Es sind Porzellan-, keine Glasscherben ... also wie bei einem Polterabend ...«, erklärt ERIKA, und alle Anwesenden (außer Peter) sind sich sicher, dass mit diesem Symbol ein neues Glück mit einer neuen Frau gemeint ist, das von »oben« sogar abgesegnet ist, nein, viel besser noch, wozu seine verstorbene Frau ihren Segen gibt!

ERIKA sieht Eva-Maria nicken und lächeln und spürt Erleichterung darüber, dass diese Botschft während dieser Sitzung überbracht werden konnte. Peter aber sitzt noch immer still da, innerlich sicherlich aufgewühlt, davon zeugt sein hochroter Kopf, aber er schweigt weiterhin.

Da erhält ERIKA von seiner Frau den Impuls: »Gib ihm ein Küsschen von mir auf die Wange!«

ERIKA folgt dieser Aufforderung unverzüglich, setzt sich dann wieder und gibt schließlich – nach ein paar Sekunden – Eva-Marias Gedanken weiter: »Jetzt ist der Groschen gefallen.«

Peter ist immer noch sprachlos.

Wir beenden die Sitzung mit einem Gebet und auch mit guten Wünschen für Eva-Maria und ihr Fortkommen in der geistigen Welt.

Alle sind ziemlich erschöpft, und wir brauchen und machen eine Kaffeepause.

Die Sache ist so klar, aber durch Peters Verschlossenheit und seine Zweifel erscheint alles etwas trübe und freudlos.

»Kennst du denn gar kein weibliches Wesen, das deine Frau gemeint haben könnte?«, mein letzter Versuch *nach* der Sitzung.

»Na ja, ich habe da eine *Bekannte*, die mir viel geholfen hat während der letzten Monate ..., wir haben auch die gleichen Interessen, aber ...«

Unser schallendes Gelächter übertönt alle Argumente und lässt keine Rechtfertigung mehr zu.

»Typisch Mann!«, sind wir Frauen uns einig, und Peter? ...

Der zieht mit gemischten Gefühlen von dannen.

Einige Monate später treffe ich ihn in einem Café wieder. Wir trinken einen Cappuccino zusammen und plaudern über dies und das, eben auch über **das:**

Ja, erzählt Peter L. fröhlich und gutgelaunt, er habe sich in die besagte Bekannte verliebt, sie wollen zusammenziehen, und beide freuen sich auf ihre gemeinsame Zukunft, die nun – Gott, den geistigen Helfern und ERIKA sei Dank! – auch ohne Schuldgefühle, Ängste und schlechtes Gewissen gelebt werden kann.

P.S.
Nach diesem anstrengenden Tag medialer Arbeit frage ich ERIKA am Abend, nachdem wir wieder allein sind: »Darf ich auch mal?« ... Mein Bedürfnis nach Verbindung und Zuspruch von »oben« ist außerordentlich groß.

ERIKA willigt ein, konzentriert sich und schwingt sich auf eine höhere Frequenz ein.

Dann lacht sie: »Gibt es in deiner Familie einen Pastor?« »Nein.«
»Da steht aber einer ... in wunderbarem Licht hinter dir ... und segnet dich!«

Natürlich, mein Pater und treuer Freund und Helfer SAMUEL ...
Danke!

Allen beschriebenen Sitzungsverläufen dieser wundervollen Kommunikation mit Verstorbenen, von denen sich noch viele Beispiele anführen ließen, ist eines immanent:

Sie alle gehen *jeden* Menschen etwas an. Obwohl die Menschenseelen aus der geistigen Welt den persönlichen Bezug meist nur zu den jeweiligen Klienten haben, werden wir jedoch alle – als Zuschauer und Zuhörer – ebenso von einer Welle tiefen Mitgefühls erfasst:

Wir empfinden den seelischen Schmerz mit, trauern um den Verlust des geliebten Menschen, lassen uns aber auch vom Humor und von der Leichtigkeit der jenseitigen Geistwesen berühren; wir sehen, hören, fühlen, weinen und lachen gemeinsam, und in unseren Empfindungen sind wir uns auf einmal sehr nahe und erkennen:

Wir stammen alle aus derselben göttlichen Quelle, aus der heraus wir von Vater und Mutter GOTT bedingungslos geliebt werden und so immer deutlicher im anderen, unserem Mitmenschen und Nächsten einen Teil unseres eigenen Selbst erkennen »müssen«, ob wir wollen oder nicht.

Wir alle sind Teile des großen Ganzen – wie Wellen eines Meeres, jeder auf seine ganz eigene individuelle Art und Weise und doch auf globaler Ebene durch Mitgefühl, Achtsamkeit und Anteilnahme eng miteinander verbunden.

Geistige Wesen zeigen sich auch vor großem Publikum

Noch kraftvoller spürt man die Energien des Mitgefühls und der Nächstenliebe bei sogenannten Großveranstaltungen, manchmal mit bis zu 400 Personen und mehr.

Bevor dabei die Geistwesen das elektromagnetische Feld der Medien erfogreich mit ihren Energien und den persönlichen Gedanken und Gefühlen durchdringen, nehmen einige Medien Licht(gestalten) hinter oder neben der betreffenden Person wahr, für die eine Botschaft bestimmt ist; einige andere erkennen über den Köpfen einen flammenähnlichen Lichtschein, und über diese Zeichen wissen die Medien dann meist sehr genau, an wen im Raum die Nachrichten von Verstorbenen aus dem Jenseits weitergegeben werden sollen; ein endgültiger Identitätsnachweis ergibt sich dann aber erst durch die anschließende Kommunikation und durch die Rückmeldungen der Anwesenden.

Nun könnte man meinen, dass solch' ganz persönliche Mitteilungen an für die Zuhörer meist fremde Menschen von weniger Interesse für den einzelnen sind, denn wer interessiert sich in der heutigen Zeit und Gesellschaft schon wirklich von Herzen – und nicht aus reiner Neugier – für das Schicksal seiner Mitmenschen, zumal wenn dieses eben nicht spektakulär und plakativ wie sonst in Zeitungen und im Fernsehen üblich, sondern oft stückweise und manchmal auch nur andeutungsweise ans Licht kommt?!

Aber bei der behutsamen und sensiblen Arbeit professioneller Medien mit einem direkten Zugang zur geistigen Welt offenbart sich eine ganz besondere Dimension der Heilung, und die ist Balsam für *jede* Seele.

Dabei kommen der Begabung und der Fähigkeit der einzelnen Medien natürlich ein ganz besonderer Stellenwert zu. Auch für diese Arbeit – ebenso wie es bei jeglicher Art von Spiritualismus sein sollte – gilt:

Ein hohes Maß an Verantwortungsgefühl, eine gewisse Bescheidenheit und Demut und eben die mediale Begabung machen den »Erfolg« und den Wert der Arbeit eines Mediums aus; Fantasie, Selbstdarstellung und Aufschneiderei haben dabei nichts zu suchen:

Es geht ausschließlich um Sensitivität und Medialität!

Ein in dieser Arbeit besonders begabtes Medium ist m.E. nach Paul Meek.

Er ist Engländer und wurde in seinem Heimatland zum professionellen Medium und Heiler ausgebildet. Inzwischen lebt und arbeitet er bereits seit mehr als 10 Jahren in Deutschland (München).

Dort, aber auch in anderen Städten unseres Landes sowie in Österreich und in der Schweiz gewährt er bei Vorträgen und Demonstrationen Einblicke in seine sehr hilfreiche und ganz persönliche Arbeitsweise. Paul Meek versteht es – nachdem er mit seinem professionellen und wundervollen Klavierspiel zu Beginn seiner »medialen Abende« die energetischen Schwingungen im Saal merklich zu erhöhen vermag –, ausgesprochen liebevoll und gepaart mit dem ihm eigenen Humor die Aufträge und Botschaften aus der geistigen Welt zu übermitteln.

Aber auch das deutsche Medium Werner Brodesser sowie zahlreiche andere in – und ausländische Medien, die ihre Arbeit vor größerem Publikum auf Kongressen und in Seminaren vorstellen, sind gut und erfolgreich und können einerseits durch ihre Fähigkeiten Kontakt zur geistigen Welt herzustellen, den betreffenden einzelnen Menschen im Saal direkten Trost und Lebenshilfe schenken, andererseits verhelfen sie dem gesamten Publikum dabei zu einer wesentlichen und wichtigen Weiterentwicklung der Seele auf ihrem spirituellen Weg.

Ähnlich wie beim Familienstellen (nach Hellinger),so gilt auch hier:

* Anerkennen, was ist und finden, was wirkt, damit *Liebe* gelingt. *

Und alle Anwesenden im Raum können so mehr oder weniger – eben jeder seinem spirituellen Entwicklungsstand gemäß – spüren und erleben, dass nur die Energien der LIEBE (welche Vergeben und Loslassen mit einschliessen) die einzige Kraft ist, die die Welt zusammenhalten kann und auch zusammenhält:

»Nun aber bleiben Glaube, Hoffnung, Liebe, diese drei; aber die Liebe ist die größte unter ihnen«(1.Korinther 13,Vers 13)

Wer einmal das Glück hat, einer Doppel-Demonstration mit dem Malmedium JOHN BRETT und seinem Begleiter, dem Medium BRYAN GIBSON, beizuwohnen, und neben der Überbringung von Nachrichten und Botschaften auch Portraits von Geistwesen aus dem Jenseits auf dem Papier entstehen sieht, ist dementsprechend in zweifacher Hinsicht angerührt und über die von Anwesenden bestätigte Ähnlichkeit bzw. Identität ihrer Lieben drüben in den Zeichnungen von JOHN BRETT äußerst verblüfft und beeindruckt.

Das Medium GAYE MUIR hat viele Jahre lang wunderbar mit dem bekannten Mal-Medium CORAL POLGE, die leider schon in die andere Wirklichkeit hinübergegangen ist, zusammengearbeitet.

An dieser Stelle möchte ich auf die interessanten und aufschlussreichen Bücher beider Medien und Freundinnen hinweisen:

* Gaye Muir »Mein Weg in die andere Welt« Panorama Verlag AG
CH – 9450 Altstätten/Schweiz

* Coral Polge »Ich male Gesichter Verstorbener«
ISBN 3 – 923781-11-3 Silberschnur Verlag

Die Tatsache, dass eines der Bücher und vielleicht auch einige andere aus der angefügten Literaturliste im Handel nicht mehr erhältlich oder sogar vergriffen sind und gar nicht mehr aufgelegt werden, sollte Sie nicht davon abhalten, in Antiquariaten, auf Esoterik-Messen, Flohmärkten und vor allem im Internet nach diesen Juwelen zu suchen und vielleicht sogar fündig zu werden.

Viel Erfolg!

Schlussbemerkung

Wenn Ihnen dieses Buch gefallen hat und Sie auch nur durch ein einziges Wort, einen einzigen Satz, durch eine Darstellung oder über eine Aussage angerührt wurden und Ihr Herz vielleicht in Schwingung geraten ist, dann spüren Sie diesem Impuls unbedingt weiter nach!

Denn auch Sie haben die Chance, die segensreiche und ermutigende Arbeit der Kommunikation zwischen Himmel und Erde kennenzulernen und hautnah mitzuerleben, und so kann ich Ihnen in diesem Moment nur aufmunternd zurufen:

»Bitte, melde Dich!«

Mache Dich auf den Weg zu Vorträgen über Spiritualität und Jenseitskontakte, wohne »Demonstrationen« von verschiedenen Medien vor größerem Publikum bei oder gehe auf die Suche nach guten Heilern und Medien, die auf Dich warten und Dich in Einzelsitzungen quasi an die Hand nehmen zu Deinem ersten persönlichen Kontakt mit Menschen- oder auch mit Tierseelen auf der anderen Seite des Vorhangs. So wirst Du nach und nach auf Deinem neuen Weg erkennen:

1) Geistwesen sind immer um Dich und bei Dir, ob Du wach bist oder schläfst.

2) Engel sind unentwegt um Dich bemüht, ob Du an sie glaubst oder nicht.

3) Kontakte zu Deinen Freunden und Verwandten in der geistigen Welt sind möglich und von ihnen erwünscht.

4) Durch das Erleben solcher Kontakte über Medien wird es Dir besser gehen, Du wirst Dich freier fühlen und es wird Dir immer klarer werden, warum Du hier bist und welchen Sinn

Dein Leben auf der Erde hat, vielleicht auch welches Deine spirituelle Aufgabe ist oder sein kann, und schließlich

5) wirst Du dann ahnen, später vielleicht auch tief in Dir *wissen*, dass es ein Leben nach diesem Leben gibt und dass alles weiter geht …

Meine Erfahrungen aus der Tätigkeit als Trauer-und Sterbebegleiterin – im Zusammenwirken mit ERIKAs Berufung, ihre mediale Begabung in den Dienst Hilfe suchender Menschen zu stellen – zeigen deutlich, dass der Gefühls- und Gedankenaustausch mit Wesen aus der anderen Wirklichkeit helfen können, uns Menschen von Schuldgefühlen und Selbstvorwürfen zu befreien und unseren Seelenfrieden wieder herzustellen, indem Ängste abgebaut werden dürfen und emotionale Verletzungen wieder heilen können.

Wenn Du den ersten Schritt getan hast, wirst Du weitergehen und nicht mehr zurück wollen, denn es ist ein *Lichtweg*, der genau für *Dich* vorgesehen ist, und er kann nur dadurch enstehen, *dass Du ihn gehst!*

Licht, Liebe, Mut und Freude auf diesem Weg

wünscht Dir

Heike Gade

Bad Harzburg, 12.11.2007

Adressen von Medien und Heilern

Baker, Sandra über »Die Andere Realität«, Akademie für Esoterik e.V.
(C. und Dieter Wiegorski)
Voßstraße 218
45966 Gladbeck
Tel.: 02043/ 28220

Borsdorf, Hans über Dachverband »Geistiges Heilen" e.V.
Steigerweg 55
69115 Heidelberg
Tel.: 06221/ 169606

Brodesser, Werner
Am Mühlenbach 6 (c/o Over)
53844 Troisdorf (bei Bonn)
Tel.: 0178/ 7885194

Forster, Doris
Haeseler Str. 7a
14050 Berlin- Charlottenburg
Tel.: 030/ 36706753 oder über handy: 017650125203

Meek, Paul und weitere von ihm ausgebildete Medien und Heiler
(Liste anfordern!)
Friedenspromenade 23b
81827 München
Tel.: 089/ 354315

Morrisson, Val über »Die Andere Realität«, Akademie für Esoterik
e.V. (C. und Dieter Wiegorski)
Voßstraße 218
45966 Gladbeck
Tel.: 02043/ 28220

Muir, Gaye über Traute Hofmeister
Saarlandstr. 146
76187 Karlsruhe
Tel.: 0721/ 563287

Ponto-Bodner, Stefanie
Petersburg 1
38536 Meinersen
Tel.: 05372/ 8151

Schulz, Erika
Walsroder Straße 147
30853 Langenhagen
Tel.: 0511/ 776680
oder über Heike Gade Tel.:05322/ 52459

Falconer, Margret und andere englische Medien
im norddeutschen Raum über
Silvia Rossburg
Onckenstraße 13
22607 Hamburg
Tel.: 040/ 82278231

Lynch, Brian und andere englische Medien
im süddeutschen Raum über
Klaus Dierolf
Pfarrstr. 12
79279 Vörstetten
Tel.: 07666/ 913087

Direkter Kontakt: * **GEBETE** *

Literaturhinweise

Elisabeth Kübler-Ross »Über den Tod und das Leben danach«
ISBN 3-923 781-02-4 Silberschnur Verlag

Paul Meek »Der Himmel ist nur einen Schritt entfernt«
ISBN 3-9807865-0-1 Verlag Thanner, München

Paul Meek »Das Tor zum Himmel ist immer offen«
ISBN 3-9807865-1-x Verlag Thanner, München

Paul Meek »Das Leben ohne Ende«
ISBN 978-3-9807865-3-9 Verlag Thanner, München

James van Praagh »Jenseitsbotschaften«
ISBN 3-442-21569-2 Goldmann Verlag (Arkana)

James van Praagh »Jenseitswelten«
ISBN 3-442-21624-9 Goldmann Verlag (Arkana)

Sylvia Browne »Die Geisterwelt ist nicht verschlossen«
ISBN 3-442-21567-6 Goldmann Verlag (Arkana)

Sylvia Browne »Jenseitsleben«
ISBN 3-442-21603-6 Goldmann Verlag (Arkana)

Allan Kardec »Das Buch der Geister«
ISBN 3-89767-4114 Schirner Verlag

Allan Kardec »Das Buch der Medien«
ISBN 3-89767-4300 Schirner Verlag

Hinrich Ohlhaver »Die Toten leben«
ISBN 3-923781-43-1 Silberschnur Verlag

Martina Krämer »Ich spreche mit Toten«
ISBN 3-938656-07-7 amadeus – verlag.com

Rosemary Brown »Musik aus dem Jenseits«
Paul Zsolnay Verlag Wien/Hamburg

Marcelle de Jouvenel »Weisungen aus dem Jenseits«(Einklang der Welten)
ISBN 3-530-40401-2 Walter-Verlag, Olten

Penny Mc Lean »Kontakte mit deinem Schutzgeist«
ISBN 3-8112-1313-x Gondrom Verlag

Markolf H. Niemz »Lucy mit c«
ISBN 3-8334-3739-1 BoD Verlag, Norderstedt

Anne Ray-Wendling »Antworten aus dem Jenseits«
ISBN 3-485-00963-6 nymphenburger Verlagsgesellschaft

Heike Gade »Ich bin, ich war, ich werde«
ISBN 3-89906-618-9 BoD Verlag, Norderstedt

Kontaktadressen

Heike Gade
Am Alten Salzwerk 3b
D 38667 Bad Harzburg
Tel.: 05322/ 52459
FAX: 05346/ 94103

Erika Schulz
Walsroder Straße 147
D 30853 Langenhagen
Tel.: 0511/ 776680

Anhang

Reinigungsritual (Clearing) nach Edith Fiore

Musik zur Erhöhung der Schwingungen / Kerzen / Räucherwerk
(z.B.Weihrauch)

GEBET

Ich, (wir),_____, wende(n) mich (uns) heute an euch,
_____, die ihr erdnah oder erdgebunden seid, also noch
nicht ins Licht gefunden habt und meine (unsere) Aura, meine
(unsere)Umgebung, meine (unsere) Wohnung, mein(unser) Haus und
das Grundstück wissentlich oder unwissentlich beansprucht.

Ihr seid hier bei _____. Doch ihr seid nicht _____.
Ihr seid jemand anderer, völlig verschieden von mir (uns). Ihr habt
einen anderen Namen, eine andere Persönlichkeit, andere Bedürfnisse
und Vorstellungen.

Es gab eine Zeit,da lebtet ihr in einem eigenen Körper, lange bevor ihr
euch an mich (uns), _____, geheftet habt.

PAUSE

Schaut mal, ob ihr euch an diese Zeit erinnern könnt. Denkt an ein
angenehmes Erlebnis aus der Zeit, als ihr noch in euerem eigenen
Körper ward.

PAUSE

Euerem Körper ist dann etwas zugestoßen …, … er ist gestorben.

PAUSE

Als euer Körper starb, ward ihr selbst, euere Seele, noch genauso leben-
dig wie Augenblicke zuvor, jedoch außerhalb eueres toten Körpers.
In diesem Augenblick hättet ihr direkt ins Licht gehen können, hinein
in die geistige Welt; Helfer waren da aus der geistigen Welt, um euch
in euer neues Leben zu begleiten.

Doch stattdessen seid ihr ohne eueren physischen Körper in der
physischen Welt geblieben.

Vielleicht ward ihr verwirrt und habt nicht gemerkt, dass euer Körper gestorben ist und habt auch nicht wirklich verstanden, was mit
euch geschah.

Ihr habt dadurch eine falsche Entscheidung getroffen, die euch nicht
bewusst war; so seid ihr in dem Augenblick damals zu einer verirrten
und erdgebundenen Wesenheit geworden.

PAUSE

Erinnert ihr euch, wie ihr versucht habt, mit Menschen zu sprechen
und sie haben nicht geantwortet? Oder dass sie, wenn ihr sie berührt
habt, euere Berührungen gar nicht bemerkt haben? Sie haben direkt
durch euch hindurch geschaut, als wenn ihr gar nicht da wäret.

PAUSE

Vielleicht ward ihr dadurch sehr verwirrt, fühltet euch einsam und
frustriert; vielleicht ward ihr auch den Menschen, die euch nicht wahrgenommen haben, richtig böse, ward wütend auf sie.

Der Grund, warum sie nicht auf euch reagiert haben, war der, dass
ihr unsichtbare Wesen, also Geister, ward und auch heute noch seid.

Ihr seid nicht in euerem physischen Körper, und wir Erdenmenschen können euch nicht sehen.

PAUSE

Und dann, ab einem bestimmten Zeitpunkt habt ihr euch einfach an mich (uns), _____, geheftet.

Das aber war ein noch größerer Fehler, denn seht mal: Vorher habt ihr euch nur selbst geschadet, und zwar dadurch, dass ihr euch von dem wunderschönen Leben in der geistigen Welt ausgeschlossen habt. Ihr hättet in der anderen Wirklichkeit bei eueren Lieben leben können, und alle euere Bedürfnisse hätten gestillt werden können.

Stattdessen habt ihr euch an mich (uns) geheftet. Von da an habt ihr also nicht nur euch, sondern eben auch mir (uns), _____, geschadet. Das ist doppelt traurig, denn ihr benutzt meine (unsere) Energie, entzieht sie mir (uns), wodurch ich (wir) oft müde, erschöpft und traurig bin (sind) und sogar krank werden kann (können).

Durch euere Anwesenheit bringt ihr mich (uns) durcheinander, sodass ich (wir) meine (unsere) Gedanken, Wünsche und Bedürfnisse nicht recht von eueren unterscheiden kann (können), darunter leide(n) ich (wir) sehr.

Ihr würdet sicher auch nicht wollen, dass das gleiche mit euch geschieht. Vielleicht habt ihr bis jetzt ja auch gar nicht erkannt, dass ihr mir (uns) schadet?!

PAUSE

Glücklicherweise gibt es eine Lösung für unser Problem, weil nämlich Menschenseelen aus der geistigen Welt zu euch gekommen sind und jetzt um euch sind, die ihr sehr gemocht habt und die euch sehr lieben.

Sie sind gekommen, um euch zu helfen. Schaut sie euch an: Es sind Menschen, von denen ihr dachtet, dass ihr sie niemals wiedersehen würdet, weil sie gestorben waren.

Sie aber sind nun hier in ihrem geistigen Körper, wie ihr, sehen wunderschön aus und sind sehr glücklich, euch endlich zu treffen, denn sie haben sich Sorgen um euch gemacht. Sie haben Ausschau nach euch gehalten, euch gesucht und sich nach euch gesehnt.

Ihr seid ihnen jetzt ganz nah, ihr seid in demselben Zustand wie sie, geistige Wesen nämlich, denn ihr hattet ja bereits eueren physischen Körper abgelegt, damals, als ihr gestorben seid, ihr erinnert euch? ... ...

Jetzt gehört ihr zu ihnen. Lasst hier alles los, lasst die Erde los und freut euch auf euer neues Leben, euer neues Zuhause in der geistigen Welt!

In wenigen Augenblicken werdet ihr mich (uns), _____, verlassen und euch sofort in euerem höchsteigenen geistigen Körper befinden, nicht mehr mit mir (uns) verbunden sein. Dann seid ihr in euerem rechtmäßigen Körper, der wunderschön aussieht und den ihr solange benutzen könnt, wie ihr ihn braucht.

Habt keine Angst: Um euch herum sind ja die Helfer aus dem Himmel, die euch erklären werden, dass es nichts mehr geben wird, das ihr fürchten müsstet.

Denn in der anderen Wirklichkeit, im Jenseits, herrscht nur bedingungslose
Liebe!

PAUSE

Es ist jetzt Zeit, dass ihr geht. Ihr werdet in wenigen Augenblicken in das Licht dort drüben gehen. Vielleicht könnt ihr es schon in der Ferne sehen, es ist nur Sekunden von euch entfernt.

Geht in das Licht hinein, und ihr werdet euch geliebt und angenommen fühlen.
Ein wunderschönes Leben wartet auf euch, ihr werdet mit vielen geliebten Menschen zusammen sein, mit Familienangehörigen und mit Freunden.
Ihr werdet nie mehr allein sein!
Alles Schlimme ist vorbei. Vielleicht geht es euch jetzt schon gut, aber glaubt mir, das Beste steht euch noch bevor!

PAUSE

Ich (wir), _____, verzeihe(n) euch all das, was ihr mir(uns) unwissentlich, einige von euch vielleicht auch wissentlich angetan habt.
Auch ich (wir) werde(n) jetzt frei sein, und ich (wir) bedanke(n) mich (uns) bei euch für euere Aufmerksamkeit und Hilfe.

Und nun geht mit meinem (unserem) Segen und mit meiner (unserer) Liebe.

Geht in Gottes Namen.
Geht in Frieden …zum Wohl des großen Ganzen.

Bitte an die geistige Welt, diese Seelen jetzt aufzunehmen und ihnen zu helfen, sich zurechtzufinden.

PAUSE

GEBET

Dank an alle Engel und Helfer aus der geistigen Welt für ihre Hilfe.

Musik

*

Verfasserin: Heike Gade nach Edith Fiore »Besessenheit und Heilung«
ISBN 3-931 652-08-4 Silberschnur Verlag